Édition Books on Demand, 12-14 rond-point des Champs-Élysées, 75008 Paris

Impression : Books on Demand, Norderstedt, Allemagne

Correction : Estelle Soulas

Dépôt légal : Novembre 2019

ISBN : 978-2-3221-8952-6

Je reprends CONFIANCE

de Jérémie Chaussard

jeremc01

@jeremie_ch

Remerciements

Je pense que ce livre ne serait pas grand-chose sans toutes les personnes qui m'entourent dans ma vie, et qui me laissent une grande liberté dont j'ai tant besoin. Il faut savoir que je suis quelqu'un d'assez solitaire, mais que j'ai un amour fou pour l'être humain, et quand j'aime quelqu'un, c'est pour de vrai.

Je dédicace ce livre aussi à mon second papa qui m'a inculqué une certaine rigueur dans la vie, et que malgré le fait que nous nous connaissons très peu, je l'aime beaucoup l'Olive.

Un grand JE T'AIME à ma mamie. Pour moi, c'est plus qu'une grand-mère. Elle est à la fois ma meilleure amie, ma sœur, et ma confidente.

A Mélya, ma nièce née le 10 février 2019 à 13h19. 3,260 kg de pur amour.

Un coucou aux personnes qui mon entouré durant l'année de mon bac, avec lesquelles j'ai beaucoup ri, et que je n'oublierai pas de suite, comme Emmy et Romain – Mr voulait son prénom MDRR

Et pour finir à vous, je vous remercie de me lire, cela fait maintenant quelques années que je partage du contenu que ce soit par écrit ou autres supports. Et de vous voir aussi nombreux chaque fois, et d'être toujours présents me fait très chaud au cœur.

Merci donc pour vos messages de soutien, vos belles idées et vos encouragements.

Si tu le veux, tu le peux !

Jérémie / Mimi / Jérém / Crapaud / Émie / Jéjé

ATTENTION

Le livre est écrit par l'auteur Jérémie Chaussard. Les astuces, témoignages, exercices et conseils sont tirés de sa propre expérience.

Certains chiffres, informations, définitions et scientifiques nommés proviennent de ses recherches personnelles.

Jérémie Chaussard n'est ni psychologue, ni médecin, ni coach en développement personnel.

PS : Si à un seul moment vous vous dites : "Mais pour qui il se prend, lui, pour dire ça ?" merci de relire la page 7.

Merci de votre compréhension,

La direction ;)

Définition :
MDR veut dire Mort De Rire
:) c'est un smiley (visage) qui sourit
;) c'est un smiley (visage) qui fait un clin d'oeil

SOMMAIRE

Section 1 : Introduction et stategie 19

Section 2 : Accélère ta performance 47

Section 3 : Double ta confiance en toi 83

Section 4 : Le temple de confiance 101

Section 5 : Ta psychologie 123

Section 6 : Conclusion 151

PRÉSENTATION

"Comment fais-tu pour assumer autant ?", "Comment fais-tu pour tout gérer ? ", *"Ça te fait quoi que l'on voit ta tête de partout ?",* "Comment fais-tu pour oser tout ça seul ? ", *etc.*

Ça, c'est mon quotidien depuis que j'ai sorti mon premier livre. Je ne passe plus une journée sans que l'on me demande comment je fais ci, ou comment je fais ça. D'un côté, cela ne me gêne pas, c'est toujours un véritable plaisir de répondre aux questionnements de centaines de personnes de tous âges qui ont souvent des rêves plein la tête. Vous ne pouvez pas savoir à quel point je suis heureux de répondre à des questions de jeunes qui souhaitent, eux aussi écrire. Certains pourraient penser que je suis de nature à garder pour moi, mais alors pas du tout ! Je me fais une joie d'assouvir leurs requêtes. Moi-même, il y a un an, j'aurais rêvé de tomber sur quelqu'un qui puisse m'apporter de l'aide et répondre à mes nombreuses questions.

Quelque chose qui est aussi récurrent – voire constant. Ce n'est pas forcément de savoir comment j'ai fait, ni de quelle manière, mais la chose qui les intéresse le plus, c'est de savoir comment je fais pour assumer, oser, présenter, et vivre avec tout ce que je crée. (Juste après, c'est une question sur le fric, MDR). Et moi, toujours d'un air naturel, je leur réponds avec franchise cette fameuse phrase :

- "Mais tu sais, c'est pas si compliqué, je te promets, si je le fais, tout le monde peut le faire aussi". Là, je peux mettre ma main à couper que dans les deux secondes qui suivent, il ou elle me répond :

- "Ah non, mais moi j'oserais jamais !"

- "Bah pourquoi ?!"

- "Je n'ai pas confiance en moi ..."

A partir de là, c'était trop pour moi. Juste après cette dernière phrase, je me pétrifiais, je ne pouvais plus sortir un seul mot et coupais court à la discussion – c'était trop compliqué pour moi. Cela me faisait écho à..., c'est affreux. Affreux !

Aujourd'hui, j'en ai marre de tomber sur la même problématique de centaines de personnes ! J'en ai ras-le-bol que les gens soient recroquevillés sur eux-mêmes et qu'ils n'aient pas confiance en eux, j'en ai plus qu'assez, vraiment ! Je n'arrive pas à accepter que des personnes subissent le mal que j'ai subi plus jeune, je ne peux pas.

Ici, j'aimerais partager avec toi des méthodes simples, qui m'ont changé la vie. Pour améliorer ton estime de toi-même, doubler ta confiance en toi, adopter un état d'esprit plus positif et aussi comment passer à oser faire des choses malgré la peur. Car j'en ai marre que tu n'es pas confiance en toi ! Les techniques que je partage avec toi dans ce bouquin, je les ai appliquées dans ma vie personnelle et je sais qu'elles fonctionnent – elles ont changé ma vie. Parce que si tu n'as pas confiance en toi, si tu doutes souvent de toi-même ou si tu as l'impression de ne pas être à la hauteur ou simplement si tu veux améliorer ton image : Tu n'as pas acheté ce livre pour rien, car il est parfaitement fait pour toi, je te le promets. Soixante-quinze pour cent de la population déclare manquer de confiance. Alors que la confiance en soi est, selon moi, l'un des principes du bonheur. Pour certains, le manque de confiance en soi transforme certaines choses du quotidien en véritables épreuves hyper douloureuses. Le manque de confiance en soi peut empêcher aujourd'hui d'oser des choses qui nous font plaisir, d'oser dire des choses que l'on pense, et d'agir selon nous-mêmes. De plus, si tu deviens plus confiant, tu verras s'ouvrir à toi un nouveau monde d'opportunités, tu vas oser rêver plus grand et avoir aussi le courage de tenter plus de choses ! Quand tu seras à la fin du livre, j'espère profondément qu'il t'aura aidé à doubler ta confiance, à avoir un état d'esprit positif, à améliorer l'image de toi-même, à clarifier tes qualités, à connaître tes points forts et tes valeurs, et définir des objectifs en ligne avec ta personnalité. C'est un écrit très personnel que je te partage là, ce sont vraiment mes clés qui ont changé ma vie, et qui font aujourd'hui qu'à seulement 18 ans, j'ai pleinement confiance en moi !

Ce n'est pas un livre théorique, les petites astuces que je partage avec toi, tu peux les mettre immédiatement en application et observer des résultats. Alors bien sûr, rien n'est magique, le temps fait beaucoup de choses, mais réaliser les exercices et challenges t'apportera des résultats directs, j'en suis convaincu :)

PETIT MOT

Qui l'aurait cru ? Qui ? En avril 2017, j'ai eu l'idée et le désir d'écrire un livre *Réponse d'un frère.* Je le raconte à ma mère qui fut assez douteuse de l'avancée du projet. J'étais rempli de doutes, de stress et de questionnements. Une grande et longue année plus tard, je me vis avec un brouillon entre les mains à arpenter les maisons d'édition avec une énorme étiquette collée : "17 ANS". Je te laisse imaginer le stress que ça génère que de présenter le travail d'une année quand tu as tout juste 17 ans, à des "vieux de 70 ans" qui passent leurs journées entourés d'auteurs quinquagénaires. J'ai pris une vraie claque dans la tête quand j'ai remarqué que je n'avais pas l'âge de publier un livre, et qu'il était plutôt préférable de retourner *pécho* (draguer). C'est à partir de ce jour-là que je me suis fait la promesse que tous les projets que je sortirais dans le futur seraient tous gérés et orchestrés par moi, et uniquement moi. Plutôt que par des profiteurs, dans leur unique intérêt personnel, et mon pognon. Au fond, pour t'avouer, cela ne m'a pas dérangé, la preuve, j'ai mis bien longtemps à décider de m'occuper de tout – j'ai toujours eu du mal à déléguer mon travail et mon image. En août 2018, à l'âge de 17 ans, j'ouvre mon entreprise et publie mon premier livre *Réponse d'un frère*. Je peux carrément dire que c'est la date de ma seconde naissance. Je n'y croyais pas ! Un rêve se réalisait. C'était presque impossible de me dire que j'allais réaliser un rêve dans ma vie, alors que je n'étais pas encore adulte. Dans ce livre, je pense que j'ai réussi à me retrouver, c'est-à-dire à retrouver le vrai Jérémie. Écrire requiert en réalité d'être face à un grand miroir tous les jours – car oui, je suis le seul auteur de mon livre, moi. Les moments où l'on écrit un livre, ou n'importe quoi d'autre d'ailleurs, on est face à soi-même, et je peux t'avouer qu'à certains moments on peut vite devenir fou. Néanmoins, que de fierté d'avoir réalisé tout ça, à certains moments je ne me sens pas redevable du succès qu'il a eu. Je me dis que je ne le mérite peut-être pas, et qu'il y a des milliers et des milliers d'auteurs (quinquagénaires par exemple) qui n'arrivent pas à vendre un seul livre. Sortir ce livre m'a fait du bien.

Pour finir, je tiens à vous remercier. Vous remerciez de m'avoir fait confiance, et de m'avoir tant partagé. Merci ! Sans vous, il ne serait qu'une victoire personnelle. Aujourd'hui, je peux dire fièrement que *Réponse d'un frère* a su aider plus d'un ado – et j'en suis fier !

SECTION 1 : INTRODUCTION ET STRATÉGIE

INTRODUCTION

Tu vas lire le livre sans connaître l'auteur ? NON, NON, il faut que l'on y remédie. C'est pour cela que je me suis dit que j'allais écrire quelques mots sur moi, mon histoire, les erreurs que j'ai faites dans le passé, et surtout pourquoi je suis bien placé pour te parler de la confiance en soi. Parce que tu dois peut-être te demander : "Mais qu'est-ce qui donne à ce mec-là, la crédibilité pour me parler de confiance ?" Peut-être que tu te poses cette question – peut-être que tu ne te la poses pas. Mais je préfère quand même y répondre, comme ça c'est fait.

Je suis dernier de ma famille, mes parents sont séparés. Enfant non désiré, petit, pourtant, cela ne m'a jamais perturbé. J'ai un grand frère et une demi-sœur plus âgée que moi. On pourrait dire que j'ai une vie banale, tout à fait lambda. J'ai eu une enfance assez monotone, relativement fade, animée par les conflits d'adolescent qu'infligeait mon frère à mes parents. Il faut dire qu'ils l'ont éduqué autour de différentes faiblesses très personnelles. Je n'ai pas eu l'enfance la plus heureuse, car aucun éclat de rire à la maison, aucune discussion, aucune sortie – ma vie se cantonnait à la légèreté, affalé lors de mon adolescence devant la télé-réalité *(la télé-réalité c'est un style d'émission télévisuelle diffusant le quotidien de personnalités généralement jolies et à fort tempérament).* Comme tout jeune en quête de personnalité, je me suis vite identifié à cette "réalité" que je voyais à l'écran. C'est-à-dire : Beaucoup de misère, beaucoup de soucis, beaucoup de drogues, beaucoup de violence, mais beaucoup de paillettes, beaucoup d'argent, mais au fond peu de valeurs, et au final peu de réalité... Je t'avoue que je ne me voyais que finir là-dedans. J'ai toujours été assez solitaire, et n'ai jamais eu confiance en moi, c'est ma nature. Je suis né, pas forcément bien dans mes bottes, et alors ? Tu sais comme moi, que lorsque l'on est petit, on peut être un peu cruel les uns envers les autres. Je n'étais pas forcément bien dans ma peau et les remarques des autres ne faisaient qu'empirer la situation. A l'école, je ne visais pas la moyenne – contrairement à mes camarades. Moi, je visais la remarque dans le carnet qui disait : "Se fait remarquer". A l'école, il faut dire que je me cachais derrière de grosses faiblesses et lacunes scolaires, je ne parlais quasiment jamais pour répondre aux profs, je n'osais jamais poser de questions en cours, j'étais complètement replié sur moi-même quand il était question de réciter la leçon. Je ne faisais jamais mes devoirs, et quand je n'étais pas sur NRJ12® *(chaîne tv)*, j'étais sur YouTube® *(plate-forme de vidéos libre en ligne)*.

La vie est peut-être bien faite, car en octobre 2014, au moment où j'étais au plus bas, lorsque je n'avais plus aucune estime de moi-même, et que la suite logique, et bien c'était soit de me suicider ou soit de faire de la télé-réalité – remarque que ça va bien ensemble (MDR), et bien pendant la pub sur TF1®, de mon émission préférée nommée *Secret Story®* *(émission qui enferme des "humains" plusieurs mois d'affilée pour qu'ils deviennent fous, et fait gagner le candidat qui a le plus rapporté d'audience)*, j'étais sur YouTube® et je fis la rencontre d'une créatrice de contenus. Elle se prénomme Léa, elle partageait des vidéos lifestyle *(c'est-à-dire des vidéos de divertissement basées sur la vie du créateur)*. Les vidéos de Léa me faisaient un bien fou, c'était tout autre chose que de la télé-réalité – bien qu'elle aussi filmait sa vie. Elle apportait un regard beaucoup plus doux, un vocabulaire beaucoup plus riche, et une simplicité remarquable dans chacune de ses vidéos quotidiennes. Dans chaque vidéo, il y avait des valeurs, du respect pour son public, et une quantité d'amour impressionnante. Elle vivait une vie comme moi, sans strass ni paillettes. Je ne regardais pas toutes ces vidéos, car beaucoup tournaient autour de sujets qui ne m'intéressaient pas forcément, comme la beauté ou l'alimentation. Mais c'était, en vérité, tout ce qui me manquait dans ma vie. Au fur et à mesure, elle était devenue un modèle pour moi, je prêtais peu attention à son contenu, mais plutôt à sa personnalité et ses paroles. Je ne la remercierai jamais assez, même si elle ne l'a pas fait exprès, elle m'a ouvert les yeux sur la personne que j'étais ! Je pense que c'est à partir de ce moment-là où j'ai commencé à me respecter dans ma vie. *Oui, j'en étais arrivé à ce stade-là, je ne me respectais même plus.* Je me rappelle, que du jour au lendemain, je n'ai plus regardé une seule de ces émissions de *télé-poubelle*. J'avais, dès lors, envie d'avoir une vie trépidante, à l'image de Léa. Je voulais quelque chose qui me ressemble, qui était à mon image. C'est à ce moment-là que je me suis dit que les Grecs avaient raison sur la définition du mot "kairos" *(kairos, c'est un mot grec qui veut dire : qu'à un moment donné, il se passe un changement, c'est un moment où dans ta vie il y a un "avant" et d'un coup : il y a un "après")*. C'est à ce moment-là, en octobre 2014 très précisément, qu'il s'est passé un truc, d'une part je me rendais compte à quel point je n'avais pas confiance en moi, et d'autre part, à quel point je voulais véritablement changer tout ça ! C'était comme si Léa m'avait donné une claque. Alors qu'elle ne m'a jamais vu, et que son truc à elle, c'est de parler devant une caméra à des milliers de personnes. Mais une chose est sûre, ses paroles m'ont changé, et c'est là que j'ai réalisé que je n'avais pas vraiment un but dans ma vie. C'est fou comme un déclic dans une vie peut venir d'une chose tout à fait anodine : Je te rappelle que cette fille ne parlait pas de confiance en soi, pas du tout ! Elle ne devait rien y connaître à ce sujet, d'ailleurs. Elle parlait de YouTube®, d'Internet, de mode, de sorties, etc. C'est donc à ce moment-là que ma vie a changé : Je ne regardais plus la télévision, je ne restais plus seul chez moi, je ne disais plus de gros mots, je ne mangeais plus de conneries, et peu de temps après, j'ai rencontré des personnes extraordinaires.

Je me suis vite passionné pour la psychologie de l'adolescence, j'ai ouvert une chaîne YouTube® et me suis formé en entreprenariat. Et quelques années après, j'ai ouvert une entreprise, écrit un livre, fait des séances de dédicace, donné des interviews, rencontré des personnes marquantes, et j'ai eu mon bac en même temps *(Oh ! J'ai passé 3 ans enfermé avec des fous, donc je mérite bien ce titre, merci)* MDR, je rigole bien sûr. *J'écris cela pour m'en rappeler et pour garder une trace de mon bac, car pour tout te dire, je rêvais de l'avoir depuis toujours, et maintenant que je l'ai, d'une part je n'en entends plus parler, et d'autre part, il ne me sert à rien !* J'ai aussi durant la même année, enregistré une chanson (pour rire !!), et ouvert une agence de relations publiques et communication. Tout ça, c'est mon parcours depuis 2014. J'ai fait tout ça très rapidement car je voulais rattraper le temps perdu, et je me promets chaque jour que ce n'est que le début. C'est avec le recul qu'aujourd'hui je prends conscience qu'il suffit parfois d'une seule personne, d'entendre une seule phrase, complètement à l'opposé de ce que penses, mais qui peut littéralement changer notre vie et j'espère que ce livre sera ce moment Kairos pour toi aussi ;)

LE MANQUE DE CONFIANCE EN SOI

Maintenant, let's go, entrons dans le vif du sujet. Dans cette première partie, on va voir ensemble ce qui cause le manque de confiance en soi et je vais aussi partager avec toi certains concepts fondamentaux que tu dois comprendre pour être clair sur l'origine du problème. Je préfère prendre le temps au début pour parler de concepts de base, parce qu'ils vont nous aider plus tard pour bien comprendre le problème. Parce que si on est clair sur un problème, c'est beaucoup plus facile de le résoudre, normal. Tout d'abord, j'aimerais dire que le manque de confiance en soi et le manque d'estime de soi sont des problèmes universels, mais vraiment. C'est-à-dire que tout le monde les ont, ou les ont eu. Partout dans le monde, des personnes souffrent de ce problème – peu importe leurs origines, leur couleur de peau, leurs diplômes, et surtout peu importe leur âge. J'entame ce livre sans forcément encore savoir vers quelle tranche d'âge mon livre va être diffusé. J'aborde un sujet assez sérieux et controversé, alors que j'ai 18 ans… C'est surtout parce que je crois en la jeunesse, que dans ce bouquin je vais être au maximum généraliste, pour que tout le monde puisse s'identifier. Je compte dans mes exemples : Toucher le lycéen mais aussi l'employé en passant par le patron de start-up, en donnant des exemples accessibles à tous. J'ai 18 ans, et les méthodes qui ont fonctionné et que je te partage, peuvent être utilisées à 14 comme à 50 ans. Donc, je disais que beaucoup de gens souffraient de ce problème et si tu en souffres aussi, sache que tu n'es pas le seul !). C'est important que tu en prennes conscience, tu n'es pas le seul ! Tout le monde souffre du problème de manque de confiance en soi jusqu'à un certain degré.

Et j'aimerais rajouter aussi que le sentiment de manque de confiance en soi ou le sentiment de manque d'estime de soi ne sont que des sentiments. Tu n'es pas un sentiment, et tu n'es pas non plus une pensée – on verra ça plus tard, en détail. Mais j'aimerais que tu sois clair sur ce concept. Tu peux modifier tes émotions, tu peux choisir les pensées sur lesquelles tu te concentres. Tu n'es par conséquent pas une émotion et tu n'es pas non plus une pensée (car les émotions et pensées changent et évoluent).

L'autre aspect très important que j'aimerais évoquer, c'est que le sentiment de confiance vient de l'intérieur et non des choses externes à toi. Tu n'as pas confiance en toi grâce à ton voisin, et ce n'est pas non plus lui qui te donne cette confiance-là. Je vois beaucoup de personnes baser leur confiance sur des choses extérieures : Par exemple leur compte en banque, leur salaire, leur statut social, leur nombre d'abonnés, leur voiture, leurs habits, etc. En fait, ils pensent que ce sont ces choses "externes" qui vont leur donner le sentiment de confiance et souvent aussi de puissance. Ils pensent qu'en ayant une voiture de luxe ou des milliers de likes sur leurs photos Instagram, soudainement, ils vont se sentir plus confiants. C'est en vérité loin d'être la réalité, tu ne crois pas ? Le problème avec cette mauvaise idée, c'est que ces personnes basent leur confiance sur des choses qu'elles ne contrôlent pas. Imagine, un jour tu es confiant, tu as un bon travail, de l'argent qui rentre chaque mois et paf : Du jour au lendemain tu perds ton travail, ou tes abonnés, (touche vite du bois, MDR) tu vas complètement perdre la confiance que tu avais en toi ! C'est là où l'on voit que ça n'a aucun sens. La confiance en soi vient clairement de l'intérieur et non des choses externes. D'ailleurs, les psychologues ont un mot pour ça, ils appellent ça « le locus de contrôle ». Est-ce que tu bases ton bonheur ou ta confiance sur des choses externes ou internes ? Est-ce que tu penses que ta réussite est déterminée par ce qui t'entoure ou par toi ? Ou est-ce que tu penses en fait que c'est la chance, le hasard ou les autres qui sont responsables de tes résultats ? Ou encore, est-ce qu'au contraire, tu penses que tu es responsable de ta vie, de ta situation et de là où tu en es aujourd'hui ? Les psychologues ont bien confirmé que les grands leaders de ce monde, les personnes les plus heureuses, les plus riches ou célèbres, ainsi que les personnes qui réussissent dans leurs projets, ont un locus de contrôle bel et bien interne. C'est-à-dire que ces personnes-là se positionnent comme maîtres de leur destinée et prennent la totale responsabilité de leur situation et de leur avenir.

Donc ce que je te suggère ici, c'est de ne plus baser ta confiance sur les choses externes – c'est-à-dire les choses qui t'entourent comme ton argent, ta popularité, ta voiture, ta beauté. Grosso modo, ce sont les choses qui ne dépendent pas de toi et que tu ne contrôles pas. Bien sûr, ces choses-là peuvent affecter ta confiance en toi, si tu te sens moche comme un pou, ou au contraire, si tout le monde te dit que tu es sublime, cela va affecter quelque chose d'externe en toi. Mais on aura l'occasion de voir ensemble comment tu peux t'en débarrasser, et ne te fier qu'à des choses qui viennent de ton propre intérieur.

Maintenant, d'où vient ce problème ? Qu'est-ce qui cause le problème de manque de confiance en soi ? Et aussi comment s'en débarrasser ? Je vais partager avec toi des techniques et des exercices pour clarifier tes qualités parce que tu en as, j'en suis persuadé ! Je vais aussi partager avec toi des stratégies pour booster à fond ta confiance en toi et aussi ton estime de toi-même. On va voir ensemble des challenges et des exercices que tu peux faire au quotidien pour qu'à la fin de ce bouquin, tu aies en main tous mes outils pour améliorer ton estime de toi. Une estime qui vient de l'intérieur et non des choses externes ou éphémères ;)

LA CAUSE DU MANQUE DE CONFIANCE EN SOI

On vient de voir ensemble d'après moi, quelques considérations très importantes sur la confiance en soi. Et un des points très importants à retenir, c'est que la confiance en soi ne vient pas des choses externes, mais au contraire doit venir de l'intérieur. Maintenant, si on regarde de plus près, à quoi est dû ce sentiment de manque de confiance ? D'où viennent ces pensées de "Je ne suis pas aussi bon que ...", "Je ne suis pas aussi fort comme ...", "Je ne sais pas le faire moi ...", "Je ne mérite pas autant ...", "Il est plus intelligent que moi...". Si tu remarques bien, toutes ces phrases sont des comparaisons par rapport à d'autres personnes. En vérité, si tu te compares constamment aux autres, tu ne te rendras jamais réellement service, parce que tu ne sais pas ce que ces personnes ont vécu pour arriver là où elles en sont aujourd'hui. D'un côté, il y aura toujours plus fort que nous, et tu ne connais pas non plus les efforts que ces personnes ont fourni pour atteindre leur résultat. Et qui sait ? Tu ne sais pas non plus si ces personnes ont eu de l'aide ou non, ou pire, tu ne sais pas non plus si ces personnes ne trichent pas. Après, si tu te compares aux autres dans l'objectif de voir ta progression, c'est très bien. Je l'ai souvent fait, sans pour autant en être jaloux, j'ai su me servir de certaines personnes (on en parlera plus tard) comme modèles. A contrario, si tu te compares aux autres pour ensuite dire que tu n'es pas à la hauteur, je trouve que c'est vraiment la pire chose que tu puisses faire pour détruire ta confiance en toi. Donc, garde toujours en tête que tu n'es en compétition avec personne. Tu es le seul à avoir tes expériences, tu es le seul à avoir les relations que tu as aujourd'hui, tes imperfections, tes accomplissements, ton environnement, tout ça c'est propre à toi-même. (Et peut-être que la personne qui a tant réussi n'a pas vécu la même galère que toi). Dis-toi aussi qu'il n'y a personne sur terre à avoir les mêmes qualités que toi, je te rassure sur le fait que tu as des qualités, des tonnes même. Personne non plus ne sait ce que tu as vécu pour arriver là où tu es maintenant. Non mais c'est clair ! Pour parler de moi : Je ne suis pas si différent de la majorité des personnes, comme beaucoup, moi aussi je n'avais pas confiance en moi dans le passé... Aujourd'hui je dis bien que c'est du passé !

On me voit réaliser des projets, passer à la presse, écrire des livres : A la première image, ils pourraient tous penser que je me trouve beau et que je m'aime et m'admire pour être autant exposé. Mais ce que les gens ne savent pas, c'est que je ne me suis jamais trouvé beau physiquement, et n'ai jamais aimé mon corps. Ce qui me met en bonne position pour parler de la confiance en soi, parce que je sais ce que c'est, de ne pas être confiant, d'être mal dans sa peau, d'être timide, de se comparer tout le temps aux autres, de ne pas oser demander, etc. Pour te dire, fuir les regards des autres était mon quotidien. J'ai connu tout ça. J'avais beau avoir un vocabulaire extraordinaire, et une maturité remarquable, je n'avais jamais l'impression d'avoir accompli quoi que ce soit dans ma vie, je la trouvais inutile et mon physique ne m'aidait pas. J'ai eu la chance d'ouvrir les yeux au bon moment, et d'écouter les bonnes personnes, qui, aujourd'hui ont (sans le faire exprès) changé ma vie. Et c'est bien depuis que j'ai bien compris que je n'étais en compétition qu'avec moi-même. Mon but n'est pas de devenir meilleur que qui que ce soit, mon objectif maintenant c'est de m'améliorer au quotidien pour devenir la meilleure version de moi-même. Aujourd'hui, j'ai fièrement le contrôle sur moi. Je contrôle mes actions, je contrôle les choses que je regarde, je contrôle les personnes qui m'entourent, je contrôle ce que je fais de mon temps libre. Tout cela, parce que j'ai complètement arrêté de me comparer à qui que ce soit et de me rabaisser.

Maintenant j'aimerais te poser une question : Il vient de quoi ton manque de confiance en toi ? J'aimerais vraiment que ce livre t'aide à booster ta confiance en toi en prenant le temps de te poser cette question, mais aussi en prenant le temps d'y répondre. Pourquoi ? Parce que si, aujourd'hui, tu es clair sur toutes les choses qui te font douter de toi-même, tu seras en meilleure position pour les résoudre ! D'ailleurs, ce que je partage avec toi est vrai pour d'autres problèmes que tu rencontres dans ta vie. Donc, prends le temps et liste toutes les choses qui ne te plaisent pas aujourd'hui dans ta vie.

Où est ton focus ?

J'espère que tu as pris quelques minutes pour réfléchir aux différentes causes de ton manque de confiance. Un autre concept super important : C'est ton focus. Où est ton focus ? Sur quoi te concentres-tu ? Voici une considération très importante à retenir : Sur ce que tu te concentres, tu dois le vivre. Sur quoi tu te concentres, tu dois le devenir. Je te donne un exemple de ma vie personnelle. Si on reprend l'histoire que j'ai partagée quand je me sentais au fond du trou, quand j'avais l'impression de toucher le fond, on peut voir que toute mon attention était posée sur les choses que je n'avais pas, et sur les relations que je n'avais pas. Je me revois seul dans ma chambre, avec la télécommande dans la main, sans cesse en train de me plaindre. Au final, je passais mes journées à pleurer sur mon sort, je n'avais jamais le temps de rien, et ni l'envie d'ailleurs. Mais ce que je ne voyais pas, c'est que le problème venait de moi et de mon attitude, tout simplement. En fait, j'avais une attitude négative, c'est pour cela que je ne trouvais pas ce que je recherchais, et que je tombais tout le temps sur des personnes qui ne me correspondaient pas, négatives de surcroît. Je ne faisais pas mes devoirs donc j'avais du temps, mais le temps que j'avais, je l'utilisais à regarder *NRJ12* ®. *NRJ12* ® que je n'aimais plus du tout, était devenu mon train-train quotidien, donc comme une routine, je le regardais, mais sans grand intérêt. J'étais enfermé chez moi à faire quelque chose qui était négatif (et aussi très réduit, il faut l'avouer), car je ne voulais simplement pas sortir de mes habitudes, j'étais bien dans mon confort de vie, de garçon complètement perdu. Et c'est exactement ce que j'ai continué à attirer dans ma vie : Des choses et des personnes négatives. A n'importe quel moment de ta vie, dans toutes les situations que tu vis, tu as toujours deux options. Soit tu vois la vie comme un problème, avec des imperfections, des défauts, des échecs, etc., soit tu peux te concentrer sur les solutions, les choses que tu veux réaliser, sur tes objectifs et tes rêves. Ce sont deux mentalités complètement différentes qui se réduisent à un simple choix ou plutôt à une simple philosophie de vie. Soit tu vois les problèmes et donc les décisions que tu vas prendre vont t'attirer plus de problèmes. Soit tu te concentres sur les solutions et c'est exactement ce que tu vas attirer dans ta vie, ce sont deux façons de voir la vie (et pas plus grand qu'un pays, MDR). Dans mon cas, je me plaignais toujours d'être solitaire et de n'avoir personne à qui me confier. Je me souviens raconter que je me sentais assez triste. Je n'étais, en vérité, concentré uniquement sur les problèmes. Mais le jour où j'ai commencé à prendre soin de moi-même, le jour où j'ai commencé à améliorer mon quotidien, le jour où j'ai repris ma vie en main, et bien ce jour-là, les choses ont commencé aussi à changer pour moi. Est-ce dû au hasard ? Je ne le pense pas, parce qu'en fait j'ai commencé à investir du temps et de l'énergie en moi et j'ai arrêté définitivement d'être négatif. Et c'est exactement ce moment que j'ai vécu dont je te parlais juste avant. Le moment Kairos où il se passe quelque chose pour que tu changes ton focus, que tu regardes les solutions et non les problèmes. Peu importe où tu en es aujourd'hui dans ta vie, j'aimerais te demander sur quoi tu te concentres en ce moment ? Est-ce que tu te concentres sur tes qualités ou sur tes soi-disant défauts ? Si tu veux améliorer ta confiance en toi, c'est simple, demande toi avant tout sur quoi tu te concentres. Parce que le jour où tu ne te sens pas très bien, le jour où tu te sens malheureux ou déprimé, regarde bien sur quoi tu te concentres dans la vie. Est-ce que tu te concentres sur la personne que tu peux devenir ou est-ce que tu es en train de ressasser tes échecs et ton passé. Tout ça, c'est vraiment à toi de choisir ! A chaque instant, tu peux choisir ce sur quoi tu portes ton attention.

Si tu avais plus confiance en toi

J'étudie la confiance en soi depuis que j'ai compris ce que je devais améliorer chez moi, mais aussi depuis que je sais que j'avais tant à cœur d'en parler dans un livre. Et j'ai toujours été intrigué par une seule question : Qu'est-ce qui fait la différence entre les gens qui réalisent de grands succès dans leurs vies et les autres ? Qu'est-ce que ces gens ont en commun ? Et je suis arrivé à la conclusion suivante : Créer une réussite et du succès, c'est avant tout être bien dans ses bottes et avoir confiance en soi. Tous les grands de ce monde ont réussi à développer leur confiance en eux, je me dis que si toi aussi tu arrives à développer une absolue confiance en ta capacité à réaliser tout ce que tu désires, tes accomplissements seront illimités ! Il faut que je te dévoile une question qui a changé beaucoup de choses dans ma vie et dans la réussite de mes petits projets : A quoi oserais-tu rêver si tu savais que ton succès était garanti ? A quoi oserais-tu rêver si tu savais que tu ne pouvais pas échouer ? En gros, que ferais-tu si tu n'avais pas de limites ? Je suis heureux d'aborder ce sujet car dans mon précédent livre, j'aborde de manière simple, entre autres pour les adolescents, ma propre définition du fait de rêver et de réaliser ses rêves. Depuis que j'ai commencé à me poser cette question, mon idée des choses que je pensais être capable de réaliser a totalement pris un tournant, j'ai commencé à prendre de plus en plus conscience des choses que j'aimerais réaliser et de mes passions (qui peuvent changer et évoluer). Je me suis rendu compte aussi que la seule chose qui empêche la plupart des gens à passer à l'action et de réaliser leurs rêves : C'est la peur. La peur et le doute sont les choses qui empêchent la plupart des gens à réaliser leurs rêves. Ça m'énerve. Sérieux ! Qu'est-ce que tu ferais différemment si tu avais complètement confiance en toi et si tu étais sûr de toi ? Si tu savais pertinemment que ta réussite était garantie, qu'oserais-tu faire ? Si tu n'avais peur de rien, qu'oserais-tu réaliser ? Qu'oserais-tu définir comme objectif ? Parce que si tu arrives à développer ta confiance en toi, ton quotidien sera complètement différent, tu définiras des objectifs plus ambitieux. Tu n'auras plus de limite ! Tu feras le nécessaire pour gagner plus d'argent, tu iras parler à cette fille dont tu rêves depuis toujours, tu iras demander cette augmentation que tu mérites depuis un petit moment, tu tenteras ta chance dans une nouvelle carrière, dans ta passion, ou tu lanceras ta start-up, tu augmenteras ton niveau de vie et aussi tes standards. Tu feras vraiment ce que tu as envie de faire et tu refuseras de te soumettre aux envies des autres. Tu vivras ta vie selon tes propres termes et tu vivras aussi chaque journée comme toi tu en as envie. Avec plus de confiance, tu prendras différentes décisions dans tous les domaines de ta vie. Peut-être que tu changeras de travail, peut-être que tu changeras de carrière, de sexe, d'entourage, de tout ! Avec plus de confiance, tu seras plus audacieux, tu seras plus créatif, tu tenteras plus de choses, de nouvelles techniques, des approches plus risquées. Tu te lanceras dans certaines initiatives qui ne sont que des idées dans ta tête aujourd'hui. Et si tu as plus confiance en toi, tu défendras aussi tes intérêts, tu ne te laisseras plus marcher sur les pieds, tu seras plus respecté. Tu gagneras la confiance des autres parce que tu feras ce que tu dis et seras ferme et authentique. Tu seras reconnu pour ta capacité à faire le nécessaire pour faire le travail demandé. Et de nouvelles opportunités, de nouvelles portes s'ouvriront à toi ! Parce que tu auras développé la réputation de quelqu'un qui a confiance en lui. Avec plus de confiance en toi, tu seras mieux armé pour régler les situations et faire face aux difficultés qui s'offrent à toi au quotidien. Tu penseras aux solutions et à la manière dont tu pourras tourner chaque situation à ton avantage. Tu vas transformer les difficultés en opportunités. Tu seras aussi plus efficace en gérant les personnes difficiles ou négatives. Tu négocieras mieux, tu demanderas et obtiendras de meilleurs prix parce que tu achèteras avec plus de confiance en toi. Tu pourras réaliser tout ce que tu voudras. Tu te sentiras plus heureux et plus épanoui parce que tu sauras que tu es au contrôle de ta vie. Tu seras aussi plus positif et plus ambitieux. En gros, comme je te l'ai dit : TU N'AURAS PLUS DE LIMITES. Mais comment faire ?

Challenge 1

Le premier challenge que j'aimerais te proposer, c'est un challenge qui peut te paraître simple, qui peut même paraître facile, ou bizarre, mais crois-moi, il est simple, anodin et efficace. Nous allons réapprendre à s'aimer. Chelou dit comme ça, j'avoue. Parce que si tu regardes bien, très souvent le manque de confiance ou le manque d'estime de soi viennent du manque d'amour de soi. Moi, c'est vraiment la première chose que j'ai faite, donc ce qu'on va faire avec ce challenge, tu vas réapprendre à t'aimer, tu vas réapprendre à aimer ta personne. Je dis bien réapprendre parce que quand on aime, on n'a aucun problème de confiance en nous, on n'a aucun problème d'estime de soi. Ce que tu vas faire durant les 7 prochains jours, si tu y penses, c'est que lorsque tu vas passer devant un miroir, tu ne vas pas rentrer le ventre, mais plutôt te sourire à toi-même, et te dire la phrase suivante : "Je m'aime comme je suis". En fait, quand tu vas faire ça pour la première fois, si tu ne l'as jamais fait, ça va te sembler vachement bizarre, tu vas te sentir peut-être mal à l'aise, tu vas commencer à rigoler. Mais ce que je te propose, c'est de ressentir l'amour que tu as pour ta personne. Tu continues à répéter cette phrase : Je m'aime comme je suis, je m'aime comme je suis, je m'aime comme je suis. Et tu continues à te sourire. Tu répètes cette phrase au moins 10 fois. Avis perso, fais-le quand il n'y a personne, car ça peut vraiment paraître idiot, mais n'empêche, qu'à un moment donné si tu le penses vraiment : Ton cerveau va l'enregistrer, et de faire ça pendant les 7 prochains jours, créera une routine, qui au fil des jours s'enregistrera dans ta mémoire.

SECTION 2 :
ACCÉLÈRE TA
TRANSFORMATION

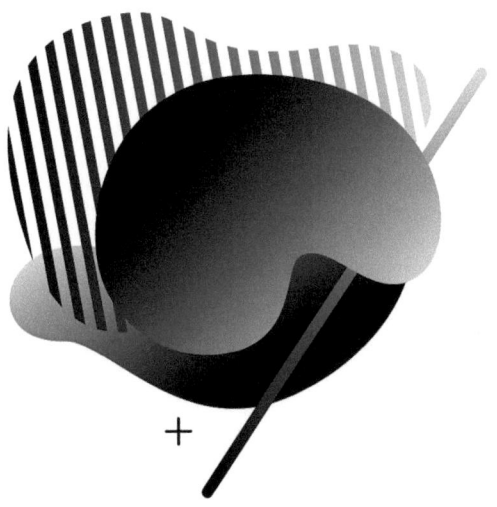

LES LOIS DU SUCCÈS

Tony Robbins disait : "Où va votre concentration, va votre énergie". On peut aussi dire où vont vos pensées, va votre énergie. Si tes pensées et ta concentration sont dirigées vers quelque chose de positif ou négatif, c'est exactement ce que tu vas attirer dans ta vie. D'un côté, c'est logique. Un point très important à souligner ici, c'est que tu ne choisis pas forcément tes pensées, mais par contre tu choisis celles sur lesquelles tu te concentres. Et pourquoi à ton avis je te parle de tout ça ? Parce que ton état émotionnel, ta réussite, ta confiance en toi et ton estime de toi-même sont très largement influencés par les qualités des pensées que tu gardes dans ton esprit. Toutes les pensées que tu as de façon régulière, finissent par faire partie de toi et de ton cerveau, et débordent naturellement non seulement sur ton attitude mais aussi sur ton comportement. La loi de concentration nous montre que toutes les choses sur lesquelles tu te concentres, que tu ressasses souvent, se manifestent dans ta réalité un jour ou l'autre. Plus tu penses à la personne que tu veux devenir, avec les qualités que tu veux avoir et plus ces pensées sont imprégnées dans ton subconscient et finissent par se manifester dans ta réalité. Je me souviens et je reprends l'exemple de Léa qui faisait des vidéos quotidiennes, tu te souviens ? Dans ces vidéos, elle ne parlait jamais de confiance en soi, et ne donnait jamais de conseils à ce sujet. Malgré tout, elle m'a aidé, puisqu'au fil des jours je me suis imprégné de sa bonne humeur dans ses vidéos : Et tout naturellement je suis devenu quelqu'un de beaucoup plus heureux. Dans ce sens en fait, tu deviens ce à quoi tu penses la plupart du temps. Puisque tu ne peux pas arrêter de penser, il serait vraiment intelligent de remplacer tes pensées actuelles par des pensées qui vont dans la direction de tes objectifs, des pensées en ligne avec la personne que tu veux devenir.

Une des plus grandes trouvailles dans l'histoire de l'humanité, c'est que nos pensées sont créatrices. Les pensées que tu gardes dans ton esprit finissent par se manifester dans ta réalité. Tes pensées deviennent ta réalité et ton monde extérieur n'est rien d'autre que la réflexion de ton monde intérieur. Ouh là ! J'ai dû en perdre quelques-unes, MDR, je m'explique : Si tu deviens quelqu'un de plus positif, la façon dont tu vois le monde sera en fonction de ce que tu es ! Ou, si tu penses que la vie est belle, tu ressentiras la vie, comme toi tu la sens ! Par conséquent, le développement de ta confiance en toi commence d'abord par ta capacité à reprendre le contrôle sur les pensées que tu gardes le plus souvent dans ton esprit. Donc, force-toi à penser constamment et uniquement aux choses que tu désires et oublie et ignore les choses que tu redoutes. Un des secrets de la réussite, c'est que la création se fait de l'intérieur vers l'extérieur. Ta réalité de comment tu vois les choses est simplement la manifestation de tes pensées. Donc, tu commences d'abord par imaginer qui tu veux être et ensuite, tu le deviens.

Et il y a une autre loi super importante, c'est la loi que je vais appeler la loi du changement. Cette loi est simple, car on ne peut pas avoir deux pensées en même temps. (Cette loi est importante parce qu'elle peut t'aider à te concentrer sur les pensées positives et éliminer les pensées négatives). Voici comment elle fonctionne : Imaginons que tu aies une pensée négative qui te vient à l'esprit. Tu penses que tu n'es pas à la hauteur par exemple, ou que tu ne vas pas y arriver, ou bien que tu n'es pas assez intelligent, pas assez doué... La première chose à faire, c'est d'accepter tes pensées, de ne pas y résister et de ne pas les juger. Par contre, fais l'effort de penser à ton objectif à la place :) Pense à ce que tu veux faire et pense à la personne que tu veux devenir. On ne peut pas avoir deux pensées en même temps, donc si tu repenses à la personne que tu veux devenir, quand tu penses à ton rêve, quand tu penses à tes objectifs, tu ne laisses aucune place aux pensées de doute ! Et rappelle-toi, ton monde extérieur est le miroir de ton monde intérieur. Ce que tu vois en fait à l'extérieur, n'est rien d'autre que la réflexion de ce qui se passe à l'intérieur de toi. Et il n'y a pas d'exception, tout ce que tu expérimentes dans ta vie, dans ta réalité, correspond à quelque chose qui s'est passé dans ton monde intérieur. Donc, dès que tu as des pensées négatives, immédiatement, repense à tes objectifs ou repense à la personne que tu veux devenir. Je l'ai longtemps fait, cela me demandait un peu d'effort au début, mais c'est très vite devenu un réflexe. Et si tu le fais aussi, tu deviendras très rapidement plus positif et plus optimiste par rapport à ton futur et par rapport aussi à ce que tu es capable de faire.

Choisis tes valeurs

La réussite et le bonheur dans la vie viennent du fait de vivre ta vie en harmonie et selon les lois que tu choisis. Les gens heureux sont ceux qui obéissent à ces lois et ces exigences, (qu'elles soient personnelles ou non). Si tu veux avoir confiance en toi, dans ton monde "externe", tu dois avoir un vrai équilibre à l'intérieur. La vraie base de la confiance en soi est de vivre ta vie en harmonie avec tes valeurs les plus importantes *(d'après des coachs)*. C'est-à-dire d'après Jérémie, MDR : Que le démarrage du processus de la confiance en soi, est d'accepter dès lors que tu respectes tes propres lois, mais pas seulement, que tu les acceptes aussi : Que tu les tiennes, et que tu sois d'accord avec. (D'une certaine façon que tu sois en adéquation avec, qu'elles te correspondent). Les hommes et les femmes avec le plus de confiance sont ceux qui sont absolument clairs sur ce qu'ils croient être bon pour eux, ils vivent leurs vies en totale intégrité par rapport à ces valeurs. Pour ma part, TOUT ce que je fais et ce que je dis, reste aligné avec mes valeurs, c'est de l'entraînement au début, mais un automatisme à la fin. Donc, peu importe ce qui se passe autour de toi, si tu agis selon tes propres valeurs, tu garderas toujours un esprit calme, une attitude de confiance, tout ça, dans n'importe quelle situation. Et de plus, ça t'aidera à avoir confiance en toi !

Tu vas connaître beaucoup de haut et de bas dans ta vie, comme tout le monde. Car ce serait te mentir que de te dire qu'avoir confiance en soi est la réponse à tout. Mais alors **PAS-DU-TOOUUUT !** Mais le plus important, c'est que tu restes vrai et sincère avec toi-même. Le point de départ pour construire la confiance en toi, est de penser et décider quelles sont tes valeurs. Quand tu es clair sur tes valeurs les plus importantes (les plus hautes), la prise de décision devient beaucoup plus facile, je te le garantis. Tu n'hésites plus à choisir, tu sais immédiatement quel choix correspond à tes valeurs. Le point de départ pour avoir plus confiance et pour réussir dans la vie est de clarifier tes valeurs les plus hautes. En quoi tu crois le plus ? Qu'est-ce que tu es prêt à défendre ? Qu'est-ce qui est vraiment important pour toi ? A quoi tu passes la majorité de ton temps ? Dans quoi tu dépenses ton argent ? Est-ce que la famille est quelque chose d'important pour toi ? Est-ce que l'amitié est quelque chose d'important pour toi ? Le travail, ta carrière ou des principes comme les libertés, la considération, l'indépendance, la réussite. Est-ce que des valeurs comme la sincérité, la réussite, la détermination, la flexibilité sont importantes pour toi ? Un exercice que j'avais chopé il y a quelques années sur Internet, était de lister les personnes que tu admires le plus (peu importe si ces personnes sont encore de ce monde ou pas). Quelles qualités ces personnes avaient que tu considères comme importantes ? Quelles valeurs tu admires chez tes amis ou les membres de ta famille ? Quelles valeurs te repoussent chez les autres ? Quelles sont les valeurs que tu considères comme importantes dans ta vie et pour ta réussite ? C'est quelque chose que je te conseille de faire, bon, ce n'est pas un exercice, ni un challenge, mais à moi, il me permettait de poser mes idées sur le sujet, et d'analyser, un peu, sur ce même domaine, mes proches, mes amis, mes connaissances, etc.

Une fois que tu es clair sur tes valeurs, il est très important que tu vives et penses selon toi. Tu a sûrement différentes valeurs dans différents domaines, mais il est primordial que tu agisses selon tes valeurs les plus hautes dans chaque domaine. Cette intégrité est la base ou la fondation de ta confiance en toi et de ton estime de toi-même. Quand tu décides de tes valeurs, tu fais aussi le choix conscient de vivre ta vie selon elles (je dis "elles" à croire que les valeurs sont des humains, MDR). En tout cas, faire le choix de vivre selon ses valeurs permet d'avoir plus confiance en toi, c'est certain. Parce que, peu importe ce qui se passe dans ton monde extérieur, tu resteras serein et calme parce que tu sais que tu agis selon tes propres valeurs et convictions. C'est ainsi que pour garder cette confiance, tu dois t'assurer de toujours agir selon tes propres valeurs. Aussi, tu dois avoir la totale certitude au fond de toi-même que tu vas respecter le pacte que tu as passé avec toi-même : De respecter tes propres valeurs, de respecter tes propres convictions.

Un exercice qui va compléter l'exercice que tu viens de faire, est de décrire les personnes que tu aimerais devenir. On aura l'occasion de revenir sur cet exercice au fur et à mesure des pages ;) mais j'aimerais que tu gardes dans ton esprit que tu peux choisir qui tu veux être. Ton but est d'agir de plus en plus comme la personne que tu vas décrire (la personne qui est bonne pour toi, et qui au fond sera toi, mais le toi intérieur). Cet exercice, tu peux le faire juste en te posant et réfléchissant qui tu aimerais être. Je ne veux pas que tu penses au côté superficiel de la chose, je ne te demande pas de devenir la copie de quelqu'un (ce serait changer ta personnalité, or non), et je ne parle pas non plus de la ressemblance physique.

Ordonne tes valeurs

Maintenant que tu es clair sur tes valeurs, ton travail n'est pas fini pour autant (je t'avais prévenu qu'en achetant ce livre, ta vie ne serait plus de tout repos, ah ah !) Reprends la liste de tes valeurs et classe-les par ordre de priorité. Quelle est la valeur la plus importante dans ta vie ? Quelle serait la 2ème valeur ? Et la 3ème, la 4ème, etc. L'ordre de tes valeurs est super important, parce qu'il détermine ta façon de vivre, comment tu te comportes, et aussi comment tu prends tes décisions. Est-ce que ta famille/tes amis sont plus importants que ta santé, ton travail ? Si c'est le cas, tu vas toujours sacrifier ton travail et ta santé pour ta famille ou tes amis. Et si ta carrière est plus importante que ta santé, ça veut dire que tu es prêt à sacrifier ta santé pour faire évoluer ta carrière. Il est super important que tu sois clair sur l'ordre des priorités de tes valeurs. Parce que, si tu ne respectes pas cet ordre, tu ne pourras pas vivre une vie heureuse et épanouie, par exemple si quelqu'un à la "flexibilité" comme une de ses valeurs les plus hautes, il sera sûrement malheureux s'il occupe un poste où tout est imposé, s'il ne choisit pas ses horaires, s'il ne choisit pas ses jours de congés. Ou un autre exemple, quelqu'un qui à "lécologique" comme une de ses valeurs les plus hautes et qui travaille chez McDo, il ne sera clairement pas heureux et la même chose pour quelqu'un qui a la « créativité » comme une de ses valeurs les plus hautes, il serait sûrement misérable dans un travail où il faut respecter les procédures, où la créativité ou l'improvisation n'ont pas leur place. Si tu ne vis pas selon tes valeurs les plus hautes, cela peut te causer beaucoup de stress, de frustration et de souffrance, et par conséquent ne pas être épanoui. Il faut donc agir en fonction de ses propres valeurs pour être en adéquation avec soi-même !

Il n'y a pas de bonne ou de mauvaise réponse à cet exercice. Tout ce que tu as à faire, c'est de découvrir tes valeurs les plus hautes et décider des objectifs qui sont alignés avec ces valeurs. Comme ça, tu seras plus heureux :) Ce qui m'amène naturellement vers le point le plus important du chapitre : Tes valeurs sont exprimées à travers tes actions ! Quand tu es sous stress, quand tu es sous pression, tes vraies valeurs ont tendance à s'exprimer. Les actions que tu vas exprimer sous le coup de la pression ou du stress, vont te montrer quelles sont tes valeurs les plus hautes (car souvent, sous le coup de l'impulsion on a tendance à les protéger). Tes choix et tes actions te disent qui tu es, et quelles sont tes valeurs. Une personne qui dit que sa famille est sa priorité, mais dans une situation où elle a le choix entre travailler tard pour finir un dossier ou aller au cinéma avec ses enfants, si cette personne choisit d'aller au cinéma au détriment des demandes de son patron Gégé, c'est donc une personne qui vit selon ses propres valeurs. Sans forcément partager la liste de mes valeurs, le travail est assez haut placé sur mon papier, et quand mes amis me demandent de sortir au *Bin's Club* (boîte de nuit), je n'hésite pas à refuser si j'ai du travail, de ce fait, je vis dans le sens de mes propres valeurs. Ainsi, si tu agis toujours selon tes propres valeurs les plus hautes, parfois tu vas devoir faire des choix qui vont peut-être te causer quelques soucis dans l'immédiat, (surtout si tu a des amis qui te harcèlent comme moi, MDR). Mais ce qui est certain, c'est que sur le long terme, tu seras toujours gagnant ! Parfois tu peux voir des personnes quitter un travail bien rémunéré, parce qu'il n'est pas aligné avec ce qu'elles sont où ce qu'elles pensent être juste. Donc, vivre selon tes propres valeurs peut te causer des petits tracas dans l'immédiat, mais sache que c'est toujours le bon choix à faire sur le long terme :). Tu peux aussi agir selon les valeurs que tu aimerais avoir et qui finiront par devenir comme une seconde nature pour toi : Tu peux par exemple choisir "l'intégrité", "le courage", "l'audace", "la créativité" comme valeurs et agir au quotidien selon ces valeurs jusqu'à ce qu'elles fassent partie intégrante de ta vie. Sache que, plus tu agis selon ces valeurs, plus tu les renforces dans ton subconscient et plus elles feront partie de ton processus mental !

Je vous ai dit que la valeur "travail" était placée haut pour moi, je vous avoue que non, je ne suis pas né avec le goût de travailler. Néanmoins, je me suis donné à fond pour que cela devienne un automatisme. C'est pourquoi aujourd'hui, j'ai le goût, l'envie et le réflexe de travailler, c'est entrer dans ma routine de vie et je ne prends même plus cela pour du travail, mais pour une logique qui me fait du bien, car je respecte mes valeurs.

Adhère à tes valeurs

Dans le processus du développement, il y a un phénomène que les Grands appellent "la résistance". Si je cherche un synonyme pour mieux t'expliquer le principe, ce serait la musculation. Pour développer des muscles, tu soulèves des poids, et plus tu soulèves de poids souvent, plus tu t'entraînes, et par conséquent plus tu as des muscles. Et c'est le même principe pour développer ta volonté ou encore ton niveau de confiance en toi. Quand tu t'obliges à toujours dire ou faire les bonnes choses, tu crées une résistance par rapport à ta tendance naturelle. Cette résistance crée des "frictions" et cette friction va cristalliser ton nouveau comportement. Moi, je me souviens qu'au départ c'était pas facile, je me forçais à bien parler, je me forçais à me documenter sur différents sujets, et j'essayais de me tenir droit, c'était dur, mais à force ça m'a complètement changé, et je m'y suis habitué. Si tu fais ce qui est en liaison avec tes valeurs, cette attitude va, avec le temps, cristalliser ce nouveau comportement dans ton cerveau, comme ça dans le futur, tu n'auras plus besoin d'y penser ! Ton attitude de courage et de confiance deviendra quelque chose de naturel pour toi. A chaque fois que tu fais ça, tu vas te sentir plus positif, plus heureux et avec plus de respect pour ta personne. Ton comportement va se cristalliser, tes choix vont créer de nouvelles connexions *neurochépasquoi* qui feront de toi quelqu'un de confiant NATURELLEMENT. Cette technique, je l'ai utilisée sans savoir qu'elle existait, et qu'elle était appliquée depuis des dizaines d'années par les plus grands de ce monde.

LE POUVOIR DES OBJECTIFS

La raison pour laquelle les objectifs sont si importants dans le développement de ta confiance en toi, c'est que le simple fait de définir un objectif, active toutes les lois dont on vient de parler. C'est comme si tu activais tous les boutons (pas ceux de ton visage) de ton potentiel. Des objectifs clairs donnent une direction claire à ta vie. Ils te permettent de canaliser ton énergie dans l'accomplissement de quelque chose, ils te donnent le sentiment que tout ce qui se passe dans ta vie vient de toi. Tu ne subis plus les événements extérieurs, mais tu les contrôles ! L'habitude de définir des objectifs et de les atteindre est probablement plus importante que tout ce que tu peux apprendre, il y a plusieurs études qui le prouvent. Beaucoup de personnes ont fait ce simple exercice et ils sont passés de fauchés à indépendants financièrement, d'autres ont décroché un job de rêve, et certains ont même réussi à perdre du poids et retrouvé une forme olympique. **FIXE-TOI DES OBJECTIFS !** Je vais partager avec toi une technique qui va aussi accélérer ta réussite et ton succès, juste avant :

J'aimerais partager un point super important avec toi.

Dans la vie, soit on opère avec la peur, soit avec l'envie. La peur est vraiment le plus grand ennemi de la confiance en soi (cela a également été le mien). C'est la peur qui bloque, c'est la peur qui te freine. La peur travaille souvent dans l'ombre et opère au niveau subconscient *(partie du cerveau que l'on ne contrôle pas)* pour te limiter dans ce que tu peux faire. Je vais te partager mes techniques pour écrire tes objectifs et aussi comment les atteindre et tu verras que la peur va immédiatement entrer en jeu. Tu vas te dire : "Je sais ce que je vais faire, je connais mes objectifs, je n'ai pas besoin de les écrire". Je peux te garantir que c'est juste une autre façon de dire que tu ne crois pas en ta capacité de faire mieux que ce que tu fais aujourd'hui ! Parfois la peur prend la forme de procrastination *(remettre nos responsabilités à plus tard)*. Tu vas dire : "Je le ferai plus tard", ou ce "week-end", ou pire : "Je le ferai pendant les vacances". Et comme tu es comme 97 % de la population, tu ne le feras jamais. Et après tu vas te dire : "De toute façon, ça n'allait pas changer grand-chose". Si le grand ennemi de la confiance en soi est la peur, le plus grand ennemi de ton succès est la zone de confort. Les psychologues ont trouvé que chacun d'entre nous a une zone où l'on peut opérer sans grande difficulté. Une zone où ça ne te demande pas beaucoup d'efforts pour exécuter des tâches. Mais si tu t'arrêtes là, si tu arrêtes de progresser, si tu arrêtes d'évoluer, tu vas arrêter de vivre. Et de jour en jour, tu vas t'habituer à cette zone et tu ne seras plus productif pour toi-même, chose qui peut causer l'échec sur le long terme. La tragédie de la zone de confort, c'est qu'elle commence par être confortable, on s'y sent bien, mais elle finit par être pénible. Je me souviens que j'étais bien moi à faire des vidéos sur Internet, j'étais dans mon univers, mais j'évoluais peu. Parce que l'essence de l'être humain, c'est la progression. Quand on n'évolue pas, on s'ennuie vite (ça arrive à une rapidité folle). De plus, la vie est censée être une grande aventure ! Donc, quand tu opères dans ta zone de confort, tu n'expérimentes que l'ennui, puis la frustration et enfin le malheur. Et au fond de chacun d'entre nous, on sait qu'on est venu sur terre avec des talents extraordinaires, avec des capacités extraordinaires. On le sait, c'est en chacun d'entre nous, sans exception. En chacun d'entre nous, il y a une force qui nous pousse à explorer notre potentiel. Moi je ne suis pas schizophrène, mais j'avais une voix dans ma tête qui s'imaginait faire de grandes choses, rêver et me voir réaliser des exploits. Elle me disait que je pouvais devenir meilleur et que je pouvais avoir plus ce que j'avais déjà. Malheureusement, le manque de confiance en moi ne m'a pas fait écouter de suite cette petite voix. Maintenant, avec le recul, j'ai une vie qui passe à 200km/h depuis que j'ai sorti mon premier livre : Je me rends compte que j'aurais dû l'écouter bien plus tôt. J'aurais dû accepter le fait de vouloir une vie meilleure, et ne pas m'arrêter à cette terrible barrière de la confiance en soi. Je pense que les seules choses qui nous limitent aujourd'hui, ce sont nos pensées et notre belle imagination (belle tout dépend pour qui, MDR). Il ne faut certainement pas être limité par nos peurs.

Donc, pour avoir confiance en toi, tu dois changer la façon dont tu te vois. Tu dois te voir comme le leader de ta propre vie – je l'ai fait, et je peux t'assurer que c'est loin d'être prétentieux ! Tu dois aussi faire ce que les leaders font : Tu dois être en permanence en train de repousser tes limites, tu dois avoir des objectifs clairs et aussi travailler tous les jours dans leur accomplissement.

Tout ça commence par une feuille, un stylo et ton imagination ;)

Imagine ton futur idéal

Quand tu imagines ton futur après la lecture de ce livre, tu ne dois en aucun cas te contenter de petits objectifs ou de rêves peu ambitieux. Au contraire ! Tu dois rêver à de grands objectifs et de grandes réalisations, tu dois te projeter dans le futur comme si tu étais la personne le plus puissante sur Terre ! Tu peux créer ton futur idéal, c'est toi qui décides ce que tu veux réaliser dans ce futur-là, c'est toi qui décides de qui tu veux être dans ce futur et c'est toi aussi qui décides des objectifs sur lesquels tu vas commencer à travailler. Mon idée, c'est que tu définisses tes objectifs dans tous les domaines de ta vie.

Et si on commence par un projet personnel ou ta carrière, fais juste cet exercice durant quelques minutes, projette-toi dans 5 ans, et imagine que ta carrière ou ta vie est parfaite. Et ensuite réponds à cette question : A quoi ressemblerait-elle ? Que serais-tu en train de faire ? Où serais-tu en train de le faire ? Si ta situation professionnelle était parfaite, avec qui serais-tu en train de travailler ? Quel niveau de responsabilités voudrais-tu avoir ? Quelles compétences voudrais-tu avoir dans ton projet personnel ? Quel objectif serais-tu en train d'accomplir ? Si cette situation était parfaite, quel statut ou quelle position aurais-tu dans ton domaine ? Et quand tu réponds à ces questions, imagine que tu n'as pas de limite, imagine que tout est possible pour toi. L'auteur et théoricien *Peter Drucker* disait : "Nous surestimons ce que nous pouvons réaliser en un an, mais nous sous-estimons ce que nous pouvons réaliser en 5 ans." Donc, ne laisse pas cela t'arriver ! Maintenant, idéalise ta situation financière (économie ou travail) dans le futur et pose-toi ces questions : Combien voudrais-tu avoir d'ici 5 ans ? Quel type ou style de vie voudrais-tu avoir ? Dans quel type de maison voudrais-tu habiter ? Quel type de voiture voudrais-tu avoir si tes finances étaient en bon état ? Et quel type de loisir voudrais-tu pour ta famille ? Combien voudrais-tu avoir sur ton compte en banque d'ici 5 ans ? Quelle somme d'argent ou quel pourcentage de ton salaire voudrais-tu épargner et investir chaque mois et chaque année ? Combien voudrais-tu avoir lorsque tu partiras à la retraite ? Ou si tu y es déjà, combien voudrais-tu dépenser pour te faire plaisir ? Et imagine quelques instants que tu as une baguette magique, tu peux demander exactement tout ce que tu veux à cette baguette magique et elle peut le réaliser pour toi. Tu peux aussi effacer tout ce qui aurait pu se passer dans ton passé et recréer ton futur idéal. Tu peux tout réaliser, tu n'as aucune limite.

Maintenant, imagine ta situation familiale idéale. Jette un œil sur ta situation familiale actuelle et projette-toi d'ici 5 ans. Et si ta situation familiale était parfaite, à quoi ressemblerait-elle ? Avec qui voudrais-tu être ? Avec qui ne voudrais-tu plus être ? Si ta situation familiale était parfaite, où voudrais-tu habiter ? Quel style de vie voudrais-tu avoir ? Quand tu rêves et imagines ton futur idéal, la seule question que tu dois te poser, c'est pourquoi ! Pourquoi veux-tu réaliser ces objectifs ? C'est vraiment la question la plus importante. Les réponses à la question du "pourquoi" te donneront de la motivation et de l'énergie pour accomplir tes objectifs. Plus tu as de raisons pour réaliser tes objectifs, et plus tu seras motivé et trouveras les moyens pour y arriver, j'en suis persuadé. Souvent, les gens restent bloqués sur la question du "comment", alors qu'ils devraient se concentrer sur le "pourquoi". Si ton pourquoi est fort, ton comment viendra tout seul.

Projette-toi dans 5 ans et pose-toi cette question : Si tu étais en parfaite forme physique d'ici 5 ans, à quoi voudrais-tu ressembler ? Comment voudrais-tu être physiquement ? Quel serait ton poids idéal ? A quelle fréquence voudrais-tu faire du sport chaque semaine ? Quel serait ton niveau de santé et de fitness ? Quel changement voudrais-tu apporter à ton alimentation, à tes séances de sport et à ton mode de vie ?

Ensuite, imagine que tu es une personne importante, un leader dans ton domaine, une personne clé dans ta communauté. Imagine que tu fais la différence dans ta vie et la vie des personnes qui t'entourent et réponds à ces questions. Que serais-tu en train de faire ? Dans quelle organisation serais-tu en train de travailler ou contribuer ? Quelles sont les causes dans lesquelles tu crois et dans lesquelles tu es prêt à t'engager ? Les réponses à ces questions vont t'aider à avoir une idée plus claire sur qui tu veux devenir, avec qui tu voudrais habiter, combien tu voudrais gagner, quel type de voiture tu voudrais avoir, où est-ce que tu voudrais habiter, dans quel type de maison tu voudrais habiter. Ce sont vraiment les objectifs sur lesquels tu vas travailler dans les 5 ans à venir.

Trouve ta place

Dans toutes les études sur la confiance en soi et le succès, la totalité des personnes qui ont été interrogées, ont répondu qu'elles avaient une haute estime d'elles-mêmes, du respect et de la fierté. Des chercheurs ont trouvé que toutes ces personnes avaient quelque chose en commun. C'est que toutes étaient au bon endroit au bon moment, et faisaient quelque chose pour lequel elles étaient qualifiées. Ces personnes étaient heureuses parce qu'elles étaient au bon endroit, au bon moment, en train de faire les bonnes activités. Donc toi aussi si tu veux être heureux, tu dois être au bon endroit en train de faire les bonnes activités. Ta mission est de trouver ta place, ensuite dédie toute ton énergie et tes efforts à cette activité. Les gens les plus épanouis dans notre société sont ceux qui sont complètement absorbés par leur travail et par leurs projets personnels ou non. Certains sont tellement absorbés qu'ils ne font même pas la différence entre travail et plaisir. Moi je sais que je continuerais à faire ce travail même si je n'étais pas payé. Car je crois au fond que l'on est sur terre pour accomplir quelque chose de spécial, et chacun d'entre nous est seul à pouvoir exécuter certaines tâches, d'une certaine façon. Et tu ne seras jamais épanoui tant que tu n'auras pas trouvé cette mission et tant que tu n'auras pas dédié ta vie à sa réalisation. Moi je ne l'ai pas encore trouvée, malgré le fait que je pense être sur la bonne voie, mais je peux me tromper, car tout est une question de se donner le temps. Et tu sais ce qui est intéressant ? C'est que l'on a toujours eu une idée de ce que c'est. Pour *Michaël Jordan*, sa mission était de devenir le meilleur basketteur de tous les temps, *Usain Bolt*, devenir l'homme le plus rapide au monde... Avoir le courage de poursuivre ta passion est probablement un grand indicateur de ton succès, parce que quand tu trouves ta raison d'être, c'est comme si tu étais en mission. Je ne dis pas que pour moi c'est l'écriture car je ne souhaite pas en faire mon métier ; mais depuis que j'écris et que je passe du temps dans cette entreprise : Je travaille plus, car ça n'est pas réellement du travail pour moi. Je me sens plus heureux et plus épanoui, j'ai le sentiment d'être utile à la société, ma physiologie a changé, mes yeux brillent plus, ma voix est plus sûre, mon langage est plus positif, et l'on voit que j'aime ce que je fais. Ce sera pareil pour toi ! Tu seras plus calme et plus confiant et les autres te le feront remarquer. Pendant longtemps, je croyais que la définition des objectifs était très important dans les domaines de la confiance en soi, mais, j'ai un peu changé d'avis sur la question : La première chose, la chose la plus importante, c'est d'accepter la totale responsabilité de ta situation et de ce qui t'est arrivé dans le passé. La vraie maturité commence quand tu réalises que personne n'est plus intéressé par ta réussite que toi, c'est quand tu acceptes 100 % la responsabilité de toi-même, que tu peux passer à l'étape d'après pour décider ce que tu veux et ce que tu veux faire de ta vie.

3 formes de suggestions

La publicité par exemple, que ce soit à la télé, sur Internet, dans la rue, partout, il faudrait la voir comme un message qui te suggère d'acheter, qui te suggère de prendre une action qui provoque des désirs chez toi, des envies, etc.

Aujourd'hui plus que jamais, je crois qu'il est important que l'on prenne conscience de l'impact des différentes suggestions sur notre esprit. Il faut travailler sur soi, pour mettre en place des filtres de protection contre les autosuggestions venant de l'extérieur. Par exemple, si on prend les livres que tu lis, ces livres doivent être en accord avec tes objectifs et ce que tu désires dans la vie. D'après mes recherches, il y a 3 formes de suggestions qui déterminent comment tu te sens par rapport à toi-même et aussi ce que tu penses être capable de faire ou pas :

La première est appelée, **suggestion extérieure**. (Maman, cette première forme est faite pour toi). Ce sont les choses qui t'entourent depuis le moment où tu te lèves le matin, jusqu'au moment où tu vas te coucher le soir (ou le contraire, si tu vis à l'envers comme moi). Ce sont toutes les informations ou événements qui viennent dans ton champ de vision. En fonction de ta réceptivité, tu peux être grandement influencé par la télé, tes notifications, l'avis de tes professeurs et même les bouchons ou la pluie peuvent avoir un impact sur toi ! La grande majorité des gens laissent les circonstances extérieures déterminer comment ils se sentent, (ils sont convaincus qu'ils pensent librement alors que tout ce qu'ils font, c'est réagir face aux événements extérieurs). C'est d'ailleurs ce qui explique les émotions négatives, si aujourd'hui tu expérimentes des émotions négatives dans la journée, il faut rechercher quel événement extérieur a déclenché ces émotions négatives en toi, on sait que cette affirmation est vraie, parce que personne ne choisit d'être en colère (hein Maman !), personne ne choisit d'être dans un état émotionnel négatif. Depuis que j'ai compris ce point-là, je gère mon état émotionnel, je choisis d'être heureux, de me sentir bien. Cela vient d'une longue période de concentration sur mes émotions en réagissant de façon automatique à un événement. (Ça peut paraître fou, mais aujourd'hui, un mauvais temps ou une dispute avec un ami ne me changera pas ma journée). Comment ai-je fait pour en arriver au contrôle de mes émotions ? J'ai simplement listé toutes les choses, par exemple, qui me mettent en colère. Que ce soient les bouchons ou la pluie, quelqu'un qui te parle mal, etc. Quand tu listes toutes les choses qui te mettent en colère ou toutes les choses qui te mettent dans un état négatif, tu rends conscient ce qui est inconscient, et l'idée, c'est que tu décides à l'avance comment tu veux réagir dans le futur face à ces événements. Par exemple, si quelqu'un me coupe la route, au lieu de réagir de façon colérique, je laisse la personne passer et je me dis potentiellement que cette personne est plus pressée que moi car sa femme accouche, peut-être qu'elle ne sait pas rendue compte car elle a des soucis. Je respire, et je continue à conduire en ne laissant pas cet événement extérieur contrôler de quelle manière je me sens. Si tu fais ça, tu reprends le contrôle de tes émotions, tu commenceras à te sentir mieux et ça augmentera aussi ta confiance en toi !

La deuxième forme de suggestion est appelée **suggestion personnelle**. Cette forme de suggestion arrive quand tu reprends le contrôle de ce qui rentre dans ton cerveau. En fait, tu fais ça quand tu reprogrammes ton cerveau de façon consciente. C'est-à-dire que tu choisis le livre que tu lis, tu choisis les informations qui rentrent dans ton cerveau, tu choisis les personnes avec qui tu discutes. Tout ça fait que tu reconditionnes ton cerveau. Parce qu'il y a une loi qui nous dit, (la loi de substitution) comme quoi tu ne peux pas avoir deux pensées en même temps. Donc, soit tu as des pensées positives, soit tu as des pensées négatives. Dès que tu as une pensée négative, tout de suite tu la remplaces par une pensée positive, tu vas ainsi éliminer la pensée négative. C'est bête, mais vrai ! A force de faire ça, tu vas complètement bloquer toutes les pensées négatives, et à toi de choisir les phrases ou affirmations que tu veux te répéter quand tu as des pensées négatives. Personnellement, quand je vis une situation difficile, deux phrases que je me répète souvent, d'ailleurs que je continue à me répéter, c'est : "Tout ce qui nous arrive, nous arrive pour une raison, il n'y a rien sans rien", "Fais du bien autour de toi et on te le rendra". Et ces phrases simples m'ont permis lors de situations vraiment très délicates de rester calme et de réfléchir à comment m'en sortir, de réfléchir au côté positif des choses et de ne pas me mettre en colère et ressentir des émotions négatives. Parce que la colère ou les émotions négatives sont néfastes pour ta santé ! Fais comme moi, et trouve une phrase ou même plusieurs affirmations qui vont t'aider à reprendre le contrôle sur ton état émotionnel.

La troisième forme de suggestion est appelée **autosuggestion**. Les autosuggestions sont des phrases que tu vas te répéter tellement de fois que tu vas les imprégner très profondément dans ton ciboulot. Tu n'as pas forcément besoin de vivre une situation difficile pour faire les autosuggestions, tu peux par exemple fixer des créneaux horaires dans la journée. Perso, je le fais le matin ou quand je pars à l'école ou travailler. Je me répète une phrase pendant au moins 5 minutes voire 15, jusqu'à ce que cette phrase soit imprégnée dans mon subconscient. Ce qu'il faut savoir, c'est que ton comportement est à 95 % dirigé par ton subconscient. Donc, si tu veux installer des habitudes dans ton quotidien, si tu veux devenir confiant, il faut que tu choisisses des affirmations qui vont dans ce sens-là. Par exemple, si tu te répètes tous les jours et si tu le fais souvent : "Je peux y arriver si je travaille et j'ai confiance en moi", est-ce que tu penses qu'au bout d'un mois, ça va faire la différence dans ta vie ? Cette technique, crois-moi, marche comme par magie. Parce que ce qu'il faut voir, c'est que tu n'as pas le contrôle sur tous les événements extérieurs, tu n'as pas le contrôle de ce que les autres disent ou de ce que les autres font. Par contre, tu as le parfait contrôle de tes émotions, tu as le parfait contrôle de tes réactions, tu as le parfait contrôle de ce qui se passe dans ta tête ! Par conséquent, ta mission est de décider constamment ce que tu penses, et comment tu réagis face aux circonstances extérieures.

SECTION 3 :
DOUBLE TA CONFIANCE
EN TOI

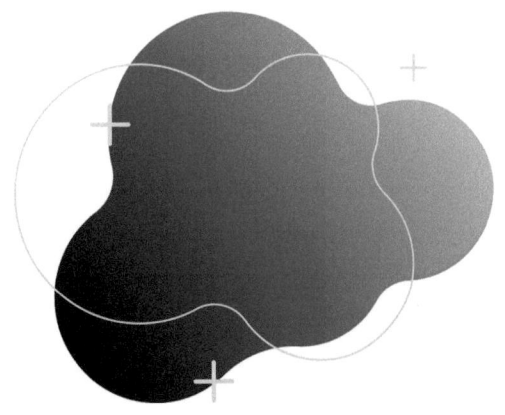

Analyse tes croyances

"La qualité de nos croyances détermine la qualité de notre vie". (Citation de *Tony Robbins*). L'une des choses qui fait probablement le plus la différence lorsqu'on parle de performance ou de succès, c'est bien la qualité de nos croyances. Parce que nos croyances influencent beaucoup nos décisions et nos choix. Elles sont surtout responsables de la qualité de notre vie. *Wayne Dyer* disait : "Vous ne croyez pas ce que vous voyez, mais vous voyez ce que vous croyez". En fait, tu vois le monde à travers un filtre composé de croyances, prises de position, de préjugés, etc. En réalité, tu n'es pas ce que tu penses être, mais tu penses ce que tu es, le fond de nos pensées et l'ensemble de nos croyances façonnent en grande partie notre réalité, (j'ai dû en perdre plus d'un à parler chinois, MDR). En d'autres mots, les choses auxquelles tu crois profondément déterminent ta réalité et ce qui t'arrive. Une des plus grandes découvertes, c'est : Si tu changes la représentation intérieure des choses, bah les choses que tu es en train de regarder, changent aussi. La PNL par exemple est basée en grande partie sur ça, mais je ne m'y connais pas assez pour en parler. Au fait, quand je dis "PNL" : je ne parle pas du groupe de rappeurs, je parle de la programmation de notre cerveau (Programmation Neuro-Linguistique). Si tu arrives à changer l'idée que tu a des choses, bah tu peux changer la réalité, tu peux donc changer ce que tu vois à l'extérieur. Donc en changeant ta façon de voir les choses, tu changeras ta vie. En parlant de cela, j'ai une histoire à te raconter que j'ai entendue il y a quelques mois à la radio. C'est l'histoire d'un monsieur qui s'appelle *Roger Bannister.* Dans les années 50, tous les spécialistes de la course à pied disaient qu'il était impossible de courir 1 km en moins de 4 minutes. Ils étaient tous d'accord pour dire que cela représentait des dangers pour le corps humain. Comme quoi, physiologiquement, on n'était pas capable de le faire. Mais cette croyance a changé le 6 mai 1954. Quand *Roger Bannister* a couru 1 km en 3 minutes 59 secondes. Et l'histoire ne s'arrête pas là, parce que moins d'un mois plus tard, ce record a été battu de plus de 2 secondes par un autre athlète. Et durant les 3 années qui ont suivi, ce ne sont pas moins de 16 autres athlètes qui sont descendus en dessous de la barre des 4 minutes impossibles. Et la seule différence entre *Roger Bannister* et les autres athlètes, c'est qu'il croyait profondément être capable de le faire. Il s'imaginait en train de la faire. Si tu remarques bien que, dès que *Roger Bannister* a réussi à battre ce record, d'autres athlètes ont réussi à le faire aussi. Pourquoi ? Parce qu'ils croyaient aussi être capables de le faire, puisque quelqu'un l'avait fait avant eux, ils savaient que c'était possible. *Napoleon Hill (auteur)* disait : "Tout ce que l'esprit de l'homme arrive à imaginer, croire, il peut le réaliser."

Ton imagination est ta plus grande ressource. Tout ce que tu vas réaliser dans ta vie, toutes les performances, tous les combats sont profondément liés et contrôlés par ton imagination, car c'est de ton imagination que tout commence. D'après une étude, 70 % des patients en dépression auxquels les médecins ont donné des placebos (médicaments qui ne font rien) ont guéri de leur dépression, et ce n'est qu'une étude parmi tant d'autres... Et je te conseille vivement, si tu ne l'a jamais fait, d'aller taper étude placebo sur Google. Car si tu n'as pas eu l'occasion encore de t'intéresser à cette question, tu vas être étonné par ce que tu vas découvrir. La puissance de notre croyance peut réaliser des miracles, vraiment !

Mais d'où viennent nos croyances ? Les croyances ont été formées lors de notre enfance. Elles viennent de nos parents, de notre entourage, de l'environnement, tes professeurs, des amis, des livres, des expériences et plein d'autres facteurs. Que ce soient des facteurs positifs ou négatifs. Les pires de toutes les croyances, je dirais que ce sont les croyances limitantes. Car si tu crois être limité dans un domaine, que ce soit vrai ou faux, cela se transformera en réalité dans ta vie. Parce que si tu penses être limité dans un domaine, tu vas agir d'une façon complètement différente que si tu penses le contraire. Durant toute mon enfance, et surtout depuis que j'entreprends ma vie comme je veux, j'ai entendu des gens me dire de laisser tomber, "Pourquoi tu rêves aussi grand ?", "Pour qui tu te prends ?", "Pourquoi tu veux réaliser tout ça ?", "C'est impossible ce que tu veux faire ?", "Laisse vraiment tomber". Et en fait, toutes ces affirmations-là se réalisent si on les accepte (si on accepte qu'on est limité dans un domaine), par faire partie de notre réalité. Donc oublie tout ça, oublie toutes ces affirmations négatives, qu'elles viennent de ta famille ou de tes amis (ne leur en veux pas, l'évolution et le challenge font peur à beaucoup de monde). Oublie aussi les paroles des experts, car si on prend l'exemple des 4 minutes, ils se sont bien gourés. J'imagine que tu connais des histoires de personnes qui sont parties de rien et qui ont réalisé des succès extraordinaires dans la vie, que tu connais l'histoire de personnes sur qui personne n'aurait misé et pourtant elles ont réussi à faire des choses extraordinaires dans leur vie. Moi je suis le parfait exemple de ma mère qui me dit souvent toute fière que je suis partie de pas grand-chose, souvent réduit à l'état d'idiot, à réaliser mes rêves et envies, sans écouter les avis. Un autre exemple : *Albert Einstein* a été renvoyé de l'école. Les profs ont dit à ses parents qu'il était incapable d'être éduqué, sauf que ses parents n'ont pas cru ce diagnostic et l'ont amené voir un éducateur spécialisé. C'est comme ça que *Albert Einstein* est devenu LE *Albert Einstein*, parce que ses parents n'ont pas cru à ce diagnostic. *Steven Spielberg* aussi avant de connaître le succès et la reconnaissance internationale, a été un élève médiocre et a été refusé lors de l'inscription dans plusieurs écoles de cinéma. Et tous ses films n'ont pas connu l'effet escompté et certains même ont été de vrais échecs au box-office. Pourtant, aujourd'hui tout le monde connaît le nom de *Spielberg* et a au moins vu un de ses films. Selon un article de *Fortune magasine* sur les difficultés scolaires, plusieurs présidents des plus grandes entreprises mondiales, ont été des élèves médiocres.

La vertu du travail, l'assiduité et la persistance leur ont permis de réaliser de grandes choses dans leurs vies, sauf que les croyances limitantes sont très souvent basées sur une seule expérience ou une seule remarque.

Comme tu peux le voir sur ce que j'appelle le cercle des croyances, tes croyances déterminent ton potentiel. C'est-à-dire ce que tu penses être capable de faire ou ne pas faire. En fonction de cela, en fonction de ce potentiel-là, tu vas prendre des actions, ces actions vont donner des résultats et ces résultats vont confirmer tes croyances. Donc si tu veux avoir différents résultats dans ta vie, tout ce que tu as à faire, c'est de changer tes croyances qui vont changer ce que tu penses être capable de faire ou pas, qui vont te pousser à prendre des actions différentes, et les résultats que tu vas avoir vont nourrir tes croyances et ainsi de suite. Tu vas transformer un cercle vicieux en un cercle vertueux. (Tu peux relire le passage si tu ne le comprends pas, MDR).

Les différents types d'intelligence

Je vais partager avec toi quelque chose qui m'a beaucoup aidé quand je l'ai découverte pour la première fois. Mais juste avant, j'aimerais te dire que la plupart des gens se considèrent comme limités intellectuellement, limités en talent, limités en capacité, limités en créativité, à cause de leurs croyances négatives. Ces croyances sont fausses pour la quasi majorité (sauf pour ceux qui aiment Jul, MDR). Mais la réalité, c'est que tu as beaucoup plus de potentiel que tu ne peux exploiter durant une seule vie. C'est fou ! Dis-toi que personne n'est meilleur que toi et que personne n'est plus intelligent que toi. Certaines personnes sont justes meilleures ou plus avancées dans un domaine. Des docteurs ont expliqué qu'il y a 10 sortes d'intelligence différentes, et si tu travailles dessus, tu peux être un génie dans au moins une de ces intelligences-là. Mais malheureusement, seulement 2 intelligences sont mesurées à l'école : L'intelligence verbale linguistique et l'intelligence logique mathématique. Si tu n'as pas eu la chance durant le lycée d'être bon dans une de ces 2 intelligences, forcément tu vas te sentir inférieur, tu ne vas pas te sentir intelligent alors qu'il y a 10 intelligences différentes. Je suis même certain qu'il y en a beaucoup plus. Je te liste ci-dessous les différentes intelligences possibles :

◆ **L'intelligence visuelle-spatiale** : L'art ou le design

◆ **L'intelligence entrepreneuriale** : Le business ou la start-up

◆ **L'intelligence corporelle-kinesthésique** : Le sport, la danse

- ◆ **L'intelligence musicale-rythmique** : Tu peux par exemple jouer d'un instrument ou composer des mélodies
- ◆ **L'intelligence interpersonnelle** : Bien s'entendre avec les autres. (*D'ailleurs les politiciens sont excellents dans l'intelligence interpersonnelle*)
- ◆ **L'intelligence intra-personnelle** : Se connaître au niveau le plus profond
- ◆ **L'intelligence intuitive** : Sentir les bonnes choses à faire ou à dire
- ◆ **L'intelligence artistique** : Créer des œuvres d'art
- ◆ **L'intelligence abstraite** : La physique, les maths, les sciences

Et chacun d'entre nous est capable d'exceller dans un ou plusieurs domaines. C'est donc à toi de trouver ce qui correspond à tes talents, à tes capacités et je te garantis que si tu trouves la bonne intelligence, tu peux révéler un génie exceptionnel. Parce que chacun d'entre nous est capable d'être excellent dans un domaine, mais le problème de la majorité des gens, c'est qu'ils cherchent à devenir excellents dans un domaine qui ne leur correspond pas. Ta mission est de trouver quel domaine te correspond et de consacrer toute ton énergie dans ce domaine.

Crée ta propre définition du succès

Qu'est-ce que le mot succès veut dire pour toi ? Si tu devais prendre quelques minutes et définir ce mot, comment le définirais-tu ? Avant, je définissais ce mot comme quelque chose qui était lié à l'argent ou à être connu. Donc, si je gagnais plein d'argent, ou que j'avais plein de followers, c'était que j'avais réussi, et par conséquent que j'avais du succès. Crois-moi, cette définition ne m'a pas rendu heureux. Je pourrais partager avec toi une définition plus générale du succès, mais elle ne résonnera probablement pas avec toi, parce qu'on a tous une définition du succès, c'est quelque chose qui est propre à chacun d'entre nous. Je suis sûr que tu sais au fond de toi ce que le mot succès veut dire pour toi. Tu sais ce que tu dois accomplir pour considérer que tu as réussi, tu sais aussi ce que tu dois devenir pour considérer que tu as réussi. Donc voici mon secret : Si tu ne te sens pas comme quelqu'un qui a réussi, tu seras quelqu'un de jaloux et frustré. Tu ne seras jamais confiant par rapport à ton futur ! Donc, voici la bonne nouvelle : Même si tu as connu des échecs dans le passé, même si tu as connu des galères dans le passé, ça ne détermine pas ce que tu peux faire dans le futur. Ton passé ne détermine pas ce que tu peux réaliser dans le futur. Même si la majorité des gens pensent que c'est le cas, ce n'est pas vrai ! Je te promets que le passé est le passé, le passé n'est plus, le passé c'est de l'histoire ancienne, on ne peut pas le changer et d'ailleurs on s'en tape. Je ne te dis pas de l'oublier, mais ça reste une expérience, on doit apprendre de nos expériences, mais le futur n'est pas encore arrivé ! Le futur est comme une feuille blanche, on peut écrire tout ce que l'on veut. A nous de décider de quoi demain sera fait, et ça n'a pas de sens d'être anxieux par rapport à quelque chose qui n'est pas encore arrivé. Surtout si tu sais que tu peux influencer ton futur en prenant des actions comme celles évoquées dans le livre dès aujourd'hui.

Aujourd'hui, tu peux décider qui tu veux devenir, tu peux décider combien tu veux gagner, où tu veux habiter, avec qui tu voudrais habiter. Toutes ces envies peuvent se réaliser à une seule condition, que tu te donnes les moyens pour les réaliser. J'imagine que tu dois te demander où je veux en venir avec tout ça. Ce que j'essaie de partager avec toi, c'est ma propre définition du succès. Je ne m'inquiète pas de ce qui va se passer demain, je ne me soucie pas non plus de mon passé parce qu'il n'est plus. Mais aujourd'hui, je contrôle ce que je fais et ce que je pense.

Ma définition du succès, ce n'est pas de gagner beaucoup d'argent, ce n'est pas d'avoir une grande maison, ce n'est pas d'avoir plus de choses, ce n'est pas d'avoir une grosse voiture, rien de tout ça. Ma définition du succès, c'est simplement d'être en accord avec qui je suis. Parce que mon corps et mon cerveau sont les seules choses sur lesquelles j'ai le total contrôle. Je n'ai aucun contrôle sur les autres, je n'ai aucun contrôle sur l'économie, je n'ai aucun contrôle sur mes jeux, je n'ai aucun contrôle sur le gouvernement, et encore moins de contrôle sur les choses extérieures à moi-même. D'ailleurs, je n'ai pas besoin de les contrôler. J'ai bien tenté de les contrôler dans le passé, tout ce que ça m'a apporté, c'est beaucoup de stress et beaucoup de frustration, j'ai complètement abandonné l'idée.

Quand j'agis selon mes propres qualités, quand je respecte qui je suis, quand je respecte mes valeurs, quand je suis respectueux, quand je suis généreux, quand je suis disponible, quand je suis drôle, quand je suis créatif, quand je suis en accord avec qui je suis, quand j'ai l'opportunité de servir quelqu'un, quand je suis disponible pour mes proches, quand je suis disponible pour répondre aux questions, quand je réponds aux mails, même si je ne suis pas payé pour le faire, eh bien, ça représente qui je suis. C'est là où je me sens le plus en adéquation avec ma définition du succès. Je ne te dis pas que je suis parfait, loin de là. Il y a des jours où je me réveille, sans aucune vie, à part de passer ma journée sur mon lit, mais j'ai appris avec l'expérience à me sortir de cet état. Donc reprends la liste des qualités que tu as définie dans l'exercice précédent, et si tu vis selon ces qualités tous les jours, tu peux vivre une vie de réussite et de succès tous les jours. Car l'accomplissement de ces qualités doit être la définition de ton succès ! Mais, si tu mets ton succès entre les mains d'autres personnes, c'est le meilleur moyen pour expérimenter toutes les déceptions et frustrations. D'ailleurs, quand j'ai appris ça pour la première fois, ça a été comme un grand soulagement. Quand tu es accord avec toi-même, il n'y a pas d'échec, il n'y a que des apprentissages. Les circonstances ne doivent pas déterminer ta confiance et ne doivent pas non plus déterminer ton niveau de réussite, car c'est l'expérience qui primera sur tout !

SECTION 4 :
LE TEMPLE DE
CONFIANCE

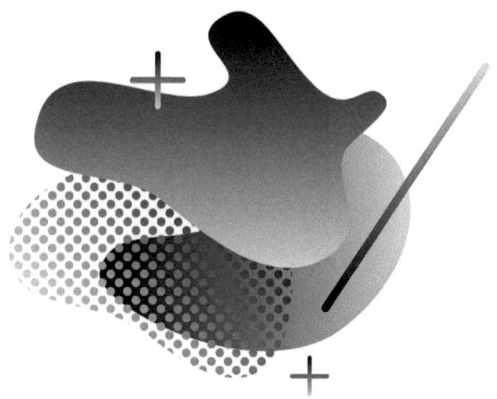

L'IMPORTANCE DE L'ALIMENTATION

Jamais quand je n'avais pas confiance en moi, je me suis dit que de bien manger pourrait m'aider à avoir davantage confiance en moi, jamais ! Je me nourrissais assez mal, je mangeais comme un moineau. Aujourd'hui, beaucoup de jeunes s'alimentent très mal à tel point d'avoir une acné qui dure de plus en plus longtemps. Pourtant, le point de départ pour que tu te sentes bien, est de manger les bons aliments, et surtout de bien manger pour avoir de l'énergie. Heureusement, il y a tellement de renseignements dans ce domaine, qu'on n'a plus besoin de faire de longues recherches. Je ne prétends en aucun cas te dire ce que tu dois manger ou le régime alimentaire que tu dois adopter. Je ne vais pas non plus te faire de leçon sur ce que tu dois manger ou pas. Je vais juste partager avec toi quelques conseils que tu pourrais mettre en place pour avoir plus d'énergie. Mais ce qui est sûr, c'est que le manque d'énergie cause le manque de confiance en soi, d'où l'importance de bien manger. Tu ne peux pas te sentir confiant si tu es tout le temps fatigué. C'est dans cette idée qu'il me semblait important d'évoquer certains points sur l'alimentation. Il y a certaines règles à respecter pour avoir plus d'énergie. C'est hyper important de manger souvent des fruits et des légumes, les fruits et légumes avec le plus de couleurs contiennent le plus de nutriments. Si tu changes ton alimentation, en remplaçant les aliments industriels par les aliments naturels, ça fera une énorme différence non seulement dans ton niveau d'énergie, mais aussi dans ton état d'esprit en général. Aujourd'hui, plus d'un Français sur deux est en surpoids ou obèse, c'est la conclusion d'une récente étude. Il est clair que ton poids a un impact direct sur ta confiance en toi et c'est pour cette raison qu'il faut faire super attention à ce que tu manges. La cause de la prise de poids est une hormone qui s'appelle l'insuline. L'insuline, c'est quoi ? C'est une hormone fabriquée par le pancréas, son rôle est de maintenir un niveau stable de sucre dans le sang. Jusque-là tu vas me dire, tout va bien, elle maintient le niveau de sucre dans le sang. Mais quand tu as un pic de sucre, c'est-à-dire que lorsque tu consommes une grande quantité de sucre à un instant donné, cette hormone, en fait, prend tout l'excès de sucre, le stocke dans un premier temps dans les muscles, en envoie une partie vers le foie, et tout le reste, elle le stoppe comme des cellules graisseuses, ce qui veut dire, du gras ! Donc pour résumer, tu consommes du sucre, ton niveau de glycémie augmente, ton pancréas sécrète de l'insuline et l'insuline transforme l'excès de sucre en gras. Pour rester dans le vert, l'idée est de consommer principalement des aliments avec des indices glycémiques bas. Il existe 3 niveaux de glycémie : Des aliments avec un indice glycémique bas, des aliments avec un indice glycémique modéré et des aliments avec un indice glycémique élevé. Les aliments qui possèdent les indices glycémiques les plus élevés sont généralement :

◆ **Les produits riches en sucre : C'est-à-dire le sucre en poudre, les sucreries, les biscuits, les pâtes de fruits, les confitures industrielles, le sirop de glucose, etc.**

◆ Les produits fabriqués à partir de céréales raffinées : Que ce soit la farine de blé blanche, le pain les pâtes, les nouilles, les pizzas.

◆ Certains féculents blancs : comme la pomme de terre, les frites, les galettes de riz soufflées.

Si tu commences, comme moi, à t'intéresser à la nutrition, tu vas trouver que beaucoup d'informations se contredisent. Pour te raconter, lorsque j'écrivais cette partie-là du livre, j'ai dû passer 4 heures à catégoriser les aliments et leur indice glycémique. Que ce soit sur Internet ou même dans les livres, c'est une horreur ! Tu peux prendre deux livres évoquant les mêmes sujets ; les deux livres disent deux choses complètement différentes. Et ce que j'ai réalisé, c'est que nous sommes tous différents. Si ton but est d'avoir plus d'énergie, voici les règles de base que je te suggère de suivre :

◆ Ne mange jamais plus que ce dont tu as besoin.
◆ Élimine tous les aliments industriels (sauf moment plaisir), parce que tous les aliments industriels ou les plats préparés

contiennent trop de sucre, trop de sel et trop de gras.

◆ Bois plus. Bois au moins 2 litres d'eau par jour. (Je ne suis pas un bon exemple pour ça).

◆ Privilégie les aliments naturels.

Ce sont vraiment des règles de base, mais si tu les suis, crois-moi que ça peut faire une grande différence dans ta vie. Parce que quand tu manges des aliments naturels, ces aliments vont servir comme agents de nettoyage naturel dans ton corps. Ils vont faire le ménage et éliminer toutes les toxines qui se sont accumulées durant des années. Tu vas te sentir plus léger, tu vas te sentir plus positif et tu vas avoir aussi les idées plus claires. Il y a d'autres choses que tu peux mettre en place ou plutôt éliminer de ton quotidien. Par exemple, élimine ou réduis considérablement toute consommation de sodas ou boissons alcoolisées. L'alcool est vraiment un fléau dans notre société d'aujourd'hui. Personne ne veut voir ce problème en face. Mais aujourd'hui, l'alcool tue des gens à petit feu. Il te prive de ton énergie et impacte aussi ton estime de toi-même. Je ne te demande pas d'arrêter complètement de boire, je te demande juste de te renseigner sur les dangers de la consommation d'alcool. Un autre fléau, c'est la cigarette. Le tabac te bouffe ton énergie en plus des effets néfastes sur ta santé. Encore une fois, je ne fais pas des leçons de morale, j'aimerais juste que tu te renseignes aussi sur les dangers du tabac sur ta santé si tu choisis de continuer à fumer. Juste avec ces quelques règles de base, tu vas avoir plus d'énergie. Et comme on l'a vu précédemment, si tu as plus d'énergie, tu as tendance à avoir plus confiance en toi ;)

Le poids et la confiance en soi

L'autre partie concernant ta santé et ton niveau d'énergie qui a également un impact conséquent sur ta confiance et ton estime de toi-même : C'est ton poids. Il n'y a rien de pire que ton poids pour détruire rapidement ton estime de toi-même. Et là, c'est vraiment l'expérience qui parle, et celle vécue par mes ami(e)s. Je me souviens au collège, je me trouvais vraiment trop maigre, j'avais véritablement l'impression que mes bras et jambes ressemblaient à des allumettes, j'avais honte, tu ne peux pas savoir. Les problèmes de poids ont toujours fait partie de ma vie, mais surtout de ceux de mon entourage, que ce soit à la maison ou au lycée je suis toujours tombé avec des personnes qui se trouvaient soit trop grosses, ou soit trop maigres. Je ne te parle pas ici du poids idéal, car je suis dans une philosophie ou le poids ne se réduit pas à un chiffre, mais le critère de grosseur et un critère propre à chacun. De ce fait, chacun a sa propre définition de la grosseur, c'est-à-dire qu'en fonction de notre éducation ou de notre expérience nous allons définir notre grosseur. Qui au fond ne sera pas la même pour tout le monde ! Donc je te déconseille de critiquer ou juger quelqu'un par rapport à son tour de taille, car tu ne sais pas ce qu'une autre personne, plus ou moins grosse que toi, pourrait dire sur toi. Ici, je compte plutôt te parler de ton poids pour être en meilleure santé et pour avoir un maximum d'énergie. Tu ne le fais pas pour plaire aux autres, tu le fais d'abord pour te plaire à toi-même. Je sais très bien que quand tu vas perdre du poids, quand tu vas être en meilleure santé et en meilleure forme physique, tu vas avoir tendance à plaire plus, normal. Mais ne le fais pas pour cette raison, fais-le d'abord pour te plaire à toi-même, c'est grave mieux sur le long terme. Parce que si tu as envie de te sentir bien dans ta vie, que tu as envie d'avoir de l'énergie pour réaliser tes rêves, que tu as envie d'être là encore à 100 ans, d'être en pleine forme et voir tes petits-enfants grandir : Mange mieux ! Ce n'est pas génétique dans 99 % des cas de personnes qui se sentent en surpoids. La plupart des gens se sentent obèses, c'est à cause de ce qu'ils mangent. C'est facile comme quand ton prof t'explique une équation (sauf le mien), si tu manges plus que tes besoins, tu prends du poids, c'est une loi universelle. Si tu te sens en surpoids aujourd'hui, tu peux définir comme objectif de perdre ces kilos en trop en définissant un plan pour atteindre tes objectifs. C'est pareil pour les personnes qui veulent en prendre. Par contre, ne tombe pas dans le piège des régimes. Il y a énormément d'études qui montrent que les régimes ne marchent pas. C'est une industrie de plusieurs millions de dollars qui joue sur certains aspects de la psychologie, qui a très bien compris comment faire du très, très bon marketing. Mais la base des régimes reste foireuse. Le meilleur des régimes, c'est de réapprendre à manger et de garder tes habitudes pour le restant de ta vie. Parce que si tu te prives pendant une courte période de temps, tu augmentes tes chances de craquer et de retomber dans tes anciennes habitudes : C'est le fameux "effet Yoyo" dont ma mère m'a tant parlé. Tu perds du poids en une courte période de temps, pour ensuite reprendre le double après. Ne tombe pas dans ce piège, pense long terme, pense à manger correctement. Trouve les aliments que tu aimes bien et construis ton alimentation autour de ces aliments-là. La clé est de changer tes habitudes par rapport à ce que tu manges. Ne cherche pas des émotions dans les aliments que tu manges. La nourriture n'est pas censée remplir un trou émotionnel que tu ressens. La nourriture doit donner de l'énergie nécessaire à ton corps pour fonctionner correctement. Donc si tu changes la façon dont tu perçois la nourriture, beaucoup de choses changeront dans ta vie !

D'après moi, c'est quand on aime son corps que l'on a envie de prendre soin de lui correctement. Il est important que tu sois dans l'idée qu'il ne faut plus faire attention à ce que tu manges pour aimer ton corps. Mais, tu dois aimer ton corps, et par conséquent tu dois avoir envie de faire attention à lui, parce que tu prends soin de lui. En voyant les choses comme ça, tu vas complètement changer ta vision par rapport à l'alimentation. Aujourd'hui, je vois des magazines très sérieux qui disent qu'il faut faire du sport pour aimer son corps. A mon avis, c'est faux, véritablement faux ! Il faut d'abord apprendre à aimer son corps dans sa tête et dans son corps, pour avoir ensuite l'envie de lui apporter l'alimentation et l'hygiène qu'il mérite. Automatiquement si tu suis ce conseil-là, tu vas prendre plus de plaisir à bien manger, à faire du sport. C'est un passage important et essentiel que tu lis là. Nous sommes dans une époque, ou plutôt "une mode" où l'on voit tellement de choses notamment sur les réseaux sociaux et à la télévision avec des assiettes parfaites, des corps parfaits, des routines de corps parfait. Ou l'on a terriblement envie de reproduire ce qu'untel fait, alors que cela ne nous correspond pas forcément. Trouver votre propre chemin, trouver votre propre routine qui vous convient, et surtout : qui vous fait du bien !

La physiologie et la posture

N'as-tu jamais remarqué qu'il y a toujours une différence entre les gens qui sont toujours motivés, enthousiastes, et les autres qui ont toujours l'air déprimé, qui râlent, qui ne sont jamais contents ou qui n'ont pas l'air d'avoir confiance en eux ? C'est quoi la différence entre ces deux personnes ? Simplement la physiologie.

Je parie que si je te demande de me décrire quelqu'un qui est déprimé, tu vas me dire que c'est quelqu'un qui râle souvent, qui a un air triste, qui a les épaules un peu en avant, et qui a la tête qui regarde en bas. En vérité, ces personnes-là, ce qu'elles ne réalisent pas, c'est que leur posture impacte leur état d'esprit, et c'est malheureusement un cercle vicieux. Ton état d'esprit impacte ta physiologie, ta physiologie impacte ton état d'esprit et ça tourne en rond. Les personnes comme ça n'arrivent pas à s'en sortir sans aide efficace. Si par contre, je te demande de me décrire quelqu'un qui est motivé, quelqu'un qui est confiant, quelqu'un qui est enthousiaste, qu'est-ce que tu vas me dire ? C'est quelqu'un qui se tient droit, qui tient sa tête droite, et très souvent quelqu'un qui est souriant, qui est content d'être là, qui est enthousiaste.

Si un jour tu te réveilles et que tu te sens un peu déprimé, que tu n'a envie de rien. Car oui, les coups de mou arrivent à tout le monde. Moi, j'en ai très rarement, voire presque jamais. Mais quand j'en ai un, je serais capable de tout arrêter. Ce que je fais et que tu peux faire, c'est d'adopter des postures qui peuvent t'aider à reprendre le contrôle sur ton état d'esprit. *Amy Cuddy*, chercheuse, a trouvé que certaines postures, qu'elle appelle « Power postures », sont des postures de pouvoir qui peuvent t'aider à modifier ton état d'esprit en libérant certaines hormones dans ton corps qui vont t'aider à te sentir plus confiant, à te sentir plus déterminé et aussi à te sentir plus enthousiaste. Si c'est pas trop cool ça ! Ces hormones par exemple, ce sont la testostérone, ce sont des endorphines qui vont t'aider à te sentir beaucoup plus confiant. L'exemple qu'elle donne, c'est : Si tu veux te sentir confiant avant de passer un entretien d'embauche, tu peux faire des pauses, par exemple la pause de la victoire. Souviens-toi ! *Usain Bolt* quand il termine son sprint et qu'il gagne les 100 mètres, qu'est-ce qu'il fait ? Il fait cette position de victoire en ayant les mains levées au niveau des épaules. En fait, cette position de victoire t'aide à libérer certaines hormones dans le corps qui vont faire en sorte que tu te sentes bien, et que tu te sentes plus confiant. Donc, imaginons que tu as un entretien d'embauche, tu peux donc adopter cette posture.

(Bon, pas devant eux, car ils ne vont pas comprendre et ça va être la honte), mais dis-toi que de faire cette posture va libérer certaines endorphines, certaines hormones dans ton corps, qui vont t'aider à te sentir plus confiant. Si tu arrives à maîtriser ta physiologie, si tu te tiens droit, les épaules en arrière, tu arrives à avoir un dialogue interne positif. Un challenge que je pourrais te faire, c'est de prendre conscience de ta posture. Toute la journée, prends conscience de ta posture, prends conscience de la manière dont tu te tiens, prends conscience aussi de la façon dont tu t'assois, prends conscience de la façon dont tu serres la main de la personne que tu rencontres pour la première fois, même quand tu dis bonjour à quelqu'un, prends conscience de ta physiologie, essaye de te tenir droit, les épaules légèrement en arrière, le regard déterminé, regarde droit devant toi et essaie aussi de sourire. Souris ! De un, tu vas être plus beau quand tu souris et de deux, ça va libérer certaines hormones dans ton corps qui vont te permettre de te sentir plus confiant.

Le 2ème pilier pour avoir plus d'énergie

L'importance du sommeil et des repos. Je pense que l'on ne s'imagine pas les bienfaits du sommeil et des repos. Surtout quand on est jeune comme moi, on a tendance à négliger son importance. Pour te parler de ce sujet, je vais faire appel à un expert des cerveaux, également psychiatre, *Daniel Amen*. Celui-ci a démontré qu'un manque de sommeil dégrade ta santé en général et affecte également ton cerveau. Le cerveau de quelqu'un qui ne dort pas assez est beaucoup plus endommagé que le cerveau de quelqu'un qui dort au moins 7 heures par nuit. Tu as besoin d'un minimum de 6 heures de sommeil par nuit (c'est vraiment le minimum). C'est durant ces heures de sommeil que ton corps récupère, recharge les batteries, stocke les différentes informations que tu as accumulées durant la journée et fait plein d'autres choses. Maintenant que tu es clair sur l'importance de l'alimentation, le repos est le 2ème pilier pour la confiance en soi. Parce que si tu n'as pas ou plus d'énergie, tu ne peux pas te sentir confiant, et je pourrais te citer toutes les données scientifiques du docteur

Daniel Amen, mais pour faire simple : Si tu es reposé, si tu as de l'énergie, tu te sentiras naturellement plus confiant, tu auras les idées plus claires, et tu seras aussi beaucoup plus efficace. J'entends souvent des gourous dans le monde de l'entreprenariat (milieu que j'ai suivi pendant trop longtemps, je crois), dire qu'il faut travailler dur, quitte à faire des nuits blanches si besoin... Tu peux faire des nuits blanches, mais tu ne seras pas efficace, et en plus de ça, tu vas te bousiller la santé ! Mieux vaut dormir entre 6 et 8 heures par nuit en fonction de tes besoins pour être frais, pour être plus productif, quitte à en faire moins, mais de meilleure qualité, que de se tuer à la tâche. Parce qu'il ne faut pas confondre travail et productivité ;) Autre conseil, planifie tes jours de vacances à l'avance, parce que tu en as besoin, c'est humain. Quand j'ai un projet dans mon entreprise, je commence par programmer sur un calendrier mes moments de repos, (ça peut paraître fou, car je n'ai pas encore commencé que je programme déjà mes vacances, MDR, mais c'est ma manière à moi de me donner une ligne conductrice du projet). Parce qu'on est tous occupé et si tu ne bloques pas ces jours de vacances en avance, tu ne partiras jamais ! Et en plus de te reposer, ça te donne une motivation supplémentaire pour te donner à fond dans ce que tu fais ;) Pour résumer, travaille dur, mais n'oublie pas de te reposer. C'est très important pour ta santé et c'est aussi très important pour ta confiance en toi !

Challenge 2

On vient de voir ensemble l'importance de l'alimentation dans ta confiance en toi, pour certains ça a pu paraître bête, mais au moins les bases sont fixées pour tous. Donc le 2ème challenge, c'est de prendre du temps pour toi. Oui, oui ! De prendre un temps pour toi en faisant attention à ce que tu manges bien sûr. Pour te parler de mon expérience, quand je n'avais pas confiance en moi, je ne prêtais pas attention à moi, et comme évoqué plus haut, je ne me respectais même plus. Ce que je te suggère, et qui, pour moi, a changé ma vie, c'est de trouver chaque jour un temps pour toi. Si tu lis des auteurs en développement personnel, tu dois sûrement connaître le "Miracle Morning". Eh bien, c'est un peu ça que je veux partager avec toi, mais revisité à la façon Jérémie Chaussard. Si tu ne connais pas la méthode, sache que c'est avant tout un livre de *Hal Elrod*. La méthode partagée dans le livre consiste à prendre chaque matin un moment pour soi. (Je ne connais pas les procédés exacts, je te partage simplement ce que j'utilise et qui fonctionne, d'après moi et pour moi). Pour ma part, je t'avoue que je le fais souvent le soir, ou simplement qu'en j'en ressens le besoin. Pour te raconter vite fait, normalement, il faut chaque matin se lever plus tôt que d'habitude (plus tôt que l'heure normale du réveil) pour prendre un moment pour soi, généralement seul à faire exclusivement des choses qui nous font du bien et qui nous nourrissent. Moi, je l'ai revisité et l'effectue le soir par manque de temps et surtout d'envie. Chaque soir (ou presque) je me rends dans ma chambre, et je ne fais rien ; c'est un moment de 20-25 minutes pendant lequel je ne réfléchis pas, je ne me rends pas sur les réseaux sociaux, je ne regarde pas mes mails et ne réponds même pas au téléphone. Souvent, pendant ce moment-là, j'écris. Là entre autre, ça fait quelques semaines que je le passe à rédiger mon livre, mais avant, j'étais simplement sur mon lit à regarder une vidéo, ou écouter un podcast (un podcast c'est comme une émission radio mais sans radio, c'est sur Internet). Tu ne dois pas négliger ces moments, et réaliser le temps d'un instant que des choses qui te plaisent, ni le raccourcir, si tu manques de temps. Il est très important de s'y tenir. De grands patrons le font, alors pourquoi pas toi ? Passer chaque jour un temps à faire quelque chose qui nous plaît vraiment et nous nourrit va nous apporter que du positif. Le "Miracle Morning" s'effectue le matin, car c'est souvent là où il n'y a personne pour nous déranger, mais moi j'ai décidé de le faire avant de dormir, et je t'avoue que c'est la même chose... Ces moments me permettent de me calmer, de me poser, de ne pas penser productivité, entreprise, devoirs, travail, sortie, etc. C'est un moment par jour où je pense exclusivement Jérémie Chaussard. Pour moi, c'est très important de passer ces moments-là, car je suis vachement exposé que ce soit sur Internet ou sur papier. Je suis souvent sur le devant de l'affiche de mes projets, c'est par conséquent une obligation d'être présentable et équilibré, et donc tout commence par nourrir mon intérieur :)

Section 5 :
Ta psychologie

LE POIDS DU PASSÉ

Quand je n'avais pas confiance en moi, je ne pensais qu'à une seule chose : Mes échecs et mon passé. Peut-être que toi aussi tu as connu des échecs dans le passé, peut-être que tu t'es présenté à un examen et que tu as échoué, ou bien que tu voulais parler à une fille ou un garçon et que tu t'es fait rejeter. Peut-être pire, tu t'es fait virer de ton lycée ou de ton travail. Ce qui arrive très souvent, c'est que nous laissons ces expériences du passé affecter notre confiance et aussi limiter ce que l'on pense être capable de faire ou pas. La première chose que j'aimerais que tu comprennes, c'est que tes expériences du passé ne déterminent en aucun cas ce que tu peux faire dans le futur ! Mais alors, vraiment pas ! Pour imager : Imagine un bateau qui est en train de naviguer, qu'est-ce que le bateau laisse derrière lui ? Il laisse une trace. Cette trace, on l'appelle le sciage. Est-ce que tu crois vraiment que c'est le sciage du bateau qui détermine la direction du bateau ? Absolument pas. Le sciage n'est rien d'autre que la trace que le bateau laisse sur l'eau, ce n'est pas le sciage qui détermine la direction du bateau. Dis-toi que pour ton passé, c'est exactement la même chose ! Ton passé est derrière toi, ton passé n'est plus présent et ne détermine pas ce que tu peux faire dans le futur. Parce que le futur se construit aujourd'hui, le futur se crée aujourd'hui avec les décisions que tu prends à chaque instant, et non pas avec les décisions que tu as pu prendre avant. Donc, la première chose, c'est super important, est que tu te mettes dans la tête que ton passé ne détermine pas ce que tu peux faire, sache-le. Tes échecs du passé ne disent pas que "toi" tu es un échec non plus. Ça, c'est la première chose, ton passé ne détermine pas ton futur.

Si tu veux reprendre le contrôle de ta vie, si tu veux reprendre confiance en toi, il faut vraiment que tu penses à ton futur indépendamment de ton passé. Bien sûr, il faut apprendre les leçons de ton passé pour ne pas les répéter, c'est logique. Nos premières expériences sont faites pour ça, mais ton passé ne détermine pas ce que tu peux faire dans le futur. Autre chose très importante, c'est que les expériences du passé t'apprennent des choses pour t'aider à t'améliorer, à devenir plus fort. C'est, selon moi, de cette façon qu'il faut le voir. Je dis souvent que tout ce qui nous arrive, nous arrive pour une raison, et tes échecs sont là pour t'apprendre quelque chose. Je connais beaucoup de personnes qui se rabattent sur le passé, ou pire qui critiquent d'autres personnes en fonction de leur passé. Si cela t'arrive : Éloigne-toi d'elles, elles n'ont pas la maturité et l'ouverture d'esprit de se dire que les expériences ne sont pas toutes concluantes, surtout quand ce sont les premières.

Je vais partager avec toi un échec que j'ai vécu. Nous sommes en 2014/2015, j'ai comme beaucoup de jeunes l'envie de réaliser des vidéos sur YouTube®. J'avais trouvé un thème qui me passionnait, j'étais ultra motivé. Avant tout ça, j'essaie d'ouvrir une entreprise, et je finis par me former au format de la vidéo, je mets facilement deux mois pour tout bien préparer. Je me vois même suivre une formation pour faire de la vidéo. Durant la formation, on me répète des dizaines de fois que ça ne sert à rien d'investir dans la meilleure caméra, mais plutôt de s'exercer et faire ses premières expériences avec une caméra plus classique, un téléphone, etc. Eh bien non, têtu comme un âne, je cours acheter le dernier reflex avec l'écran tactile qui se retourne de chez Canon®. Je débourse plus de 900,00 € dans tout mon matériel pour faire des vidéos sur YouTube® !! Tu te rends compte ? Il y en a, ils ont 500 000 abonnés, ils se filment avec leurs iPhone®, et moi toujours dans la démesure, je lâche presque un salaire. Parce qu'attend, c'est pas fini, j'ai dû aussi acheter des éclairages studio, un décor, un micro, un logiciel, et d'autres formations. Ce que l'on peut dire, c'est que je m'y connais maintenant au format vidéo sur YouTube®, MDR. Pour conclure, je préparais la forme sans m'atteler au fond. Je passais mes journées à travailler sur mon décor, mais sans jamais faire de vidéos. Alors bien sûr, à un moment je me suis lancé, et beaucoup m'ont découvert de là, mais malgré ça, je me suis rendu compte, environ 1 an plus tard, que ça ne me plaisait plus. Et que je n'avais plus envie de faire de vidéos, mais de me développer sous un autre format.

Je te partage cela, car pour moi je le vis comme un échec, pas un échec sentimental, ou autre. Mais un échec d'investissement d'argent et de temps.

Les apprentissages que j'ai retenus de cette expérience, c'est de ne pas me lancer tête baissée sans avoir fait des essais pour savoir en amont, de ne pas investir aussi vite tant d'argent à un si jeune âge, savoir prendre le temps et du recul. Je me dis que je n'avais encore fait de vidéos de ma vie, alors n'achète pas pour 900,00 € de matériel, commence petit, et une fois que tu as fait tes preuves, une fois que tu sais comment ça marche, tu peux voir plus grand. Une dernière chose : C'est la patience. Ce qui m'arrivait très souvent, c'est que je surestimais ce que je pouvais faire en un an, mais je sous-estimais ce que je pouvais faire sur 10 ans. Je l'a fait courte, mais l'idée c'est d'avoir un maximum d'expériences possible, dans tous les domaines, de cette façon tu ne t'arrêtes pas sur les échecs du passé.

J'ai l'impression de te dire que tu es obligé d'échouer pour réussir, c'est bizarre dit comme ça, mais c'est un peu vrai. Ceux qui n'ont rien tenté dans leur vie n'ont pas forcément connu d'échecs, donc si tu veux réussir, tu es obligé d'échouer – échouer n'est pas mal ! Dis-toi qu'il n'y a personne qui dit que ces échecs doivent être les tiens. Ce que je veux dire par là, c'est que tu peux apprendre des échecs des autres, pour ne pas refaire les mêmes erreurs. Tu économiseras un temps fou de travail et de galère si tu apprends des échecs des autres. Quand je dis les échecs des autres, c'est par exemple lire des livres qui peuvent t'économiser du temps et de l'argent pour ne pas refaire les mêmes erreurs. En ce moment même, tu lis un livre qui t'aide pour avoir plus confiance en toi, écrit par une personne qui a passé beaucoup de temps pour avoir confiance en lui. Et de ce fait, tu gagnes du temps, car il te partage ses astuces pour ne pas que tu galères aussi :)

Comment se libérer de la peur

Une des choses qui empêche beaucoup de gens de réaliser leurs rêves, et aussi d'avoir confiance en eux : C'est la peur. Je me souviens avant, j'avais toujours peur d'être critiqué, d'être jugé, et peur du regard des autres. Aujourd'hui, ma vie a complètement changé, et cela me fait un bien fou. Je me moque complètement de ce que pensent les personnes sur moi, pourquoi ? J'ai très vite été reconnu, grâce à mes projets (YouTube®, livres, musiques, etc.). Par conséquent, je n'ai pas eu d'autres choix que de tout assumer – au sens large. Parce qu'au quotidien, ce ne sont pas que mes projets que je dois assumer, mais aussi mon corps, mon physique, mes phrases, mes idées, ce que je poste sur les réseaux sociaux, etc. Dès que l'on est sur devant de la "scène", ça n'est pas ce que tu présentes qui est critiqué (le fond), c'est la forme (la façon dont tu vas le dire, ce que tu dégages, ton image, etc.) C'est très français tout ça ! Donc, je n'ai pas eu le temps de me poser des questions sur comment ne plus avoir peur, puisque la peur était partie aussi vite qu'elle était venue. Mais bon, j'imagine que parmi les personnes qui lisent ce livre, vous n'êtes pas toutes à vouloir une carrière d'auteur ou autres. Donc si la peur t'empêche de faire des choses, j'aimerais que tu imagines comment ta vie serait différente si tu n'avais pas peur. Si tu n'avais pas peur d'être jugé, si tu n'avais pas peur d'être critiqué. Est-ce que tu prendrais plus de risques ? Est-ce que tu passerais plus à l'action ? Est-ce que tu ferais des choses qu'aujourd'hui tu n'oses pas faire ? Parce que la peur contrôle la vie de la majorité des gens, alors que l'on devrait avoir de la gratitude pour la peur. Parce que la peur nous permet de survivre dans le passé ; elle nous a permis de ne pas faire de conneries, elle nous a permis d'échapper aux différents prédateurs. Sauf qu'aujourd'hui, ces prédateurs n'existent plus. Il n'y a quasiment plus aucune raison d'avoir peur. Bien sûr, il ne faut pas sauter du haut d'une falaise, mais aujourd'hui il n'y a plus aucune raison d'avoir peur. Tous les prédateurs qui existaient dans le passé n'existent plus. Imagine un instant, aujourd'hui, la plupart des gens, même la majorité des gens ont plus (+) peur de parler devant un public que de mourir. Imagine ça un instant. On a plus peur de monter sur une scène et de parler devant les gens que de mourir. Avant j'avais la même peur. Je me rappelle lorsque je faisais du théâtre et que je devais faire une présentation, avant la présentation je passais par toutes les couleurs.

J'avais les mains moites, j'avais les lèvres sèches, j'avais le cœur qui battait à fond, j'avais peur. Mais en fait, avec le temps, j'ai appris à contrôler cette peur et c'est exactement ce que je veux te partager :

La première chose que je fais maintenant pour contrôler ma peur, je me pose cette question, quelle est la pire chose qui peut arriver ? Si je passe à l'action, c'est quoi la pire situation qui peut arriver ? Très souvent, quand j'arrivais dans des restaurants, et que j'étais placé à un endroit que je n'aimais pas, je n'osais pas demander à changer. Et maintenant en fait ce que je fais, je me dis "c'est quoi la pire chose qui peut arriver ?" La pire chose qui peut arriver, c'est que le serveur me dit non. Je pense que je vais réussir à survivre à ça, il n'y a pas de danger de mort : Donc je passe à l'action ! La première chose, demande-toi, "c'est quoi la pire chose qui peut arriver ?". *Nelson Mandela* disait que le courage n'est pas l'absence de la peur, le courage c'est d'avoir peur mais passer à l'action quand même. Donc, une fois que j'ai constaté qu'il n'y a pas de danger de mort, la deuxième chose que je fais, je compte de 5 à 1 (sans oublier les demis si j'ai très très peur, MDR). Je tiens cette technique de *Mel Robbins* qui a écrit ça dans son livre "*The 5 second rule*" que je n'ai pas encore lu, mais dont j'ai écouté et regardé beaucoup de vidéos. Ce qu'il faut savoir, c'est que la peur est une émotion. Et les émotions sont localisées dans la partie droite de notre cerveau. Donc, quand tu commences à faire ce compte à rebours, tu commences à opérer depuis la partie gauche de ton cerveau, la partie qui est rationnelle, qui s'occupe de la logique, qui s'occupe du langage. Donc, ce que tu dois faire, c'est de ne pas opérer de la partie droite qui est émotionnelle, mais de commencer à opérer de la partie gauche qui est rationnelle. Tu fais, 5, 4, 3, 2, 1 (ou 5, $4^{1/2}$, 4, $3^{1/2}$, 3, ...) et GO GO GO tu passes à l'action. Tu n'opéreras plus depuis la partie droite qui est émotionnelle de ton cerveau, tu commenceras à opérer depuis la partie gauche de ton cerveau.

Il y a une autre forme de peur qui empêche beaucoup de gens de passer à l'action, c'est la peur d'être critiqué, la peur d'être jugé. Voilà mon avis, quoi que tu fasses, quoi que tu dises, il y aura toujours quelqu'un quelque part qui trouvera quelque chose à dire. Peu importe ce que tu veux faire, que tu passes à l'action ou que tu ne passes pas à l'action, il y aura toujours des gens pour critiquer. Donc, ce que je te suggère c'est de ne plus prendre en compte ce que les autres vont penser de toi, ne plus prendre en compte ce que les autres vont critiquer, parce que quoi que tu dises, quoi que tu fasses, il y aura toujours quelqu'un quelque part qui ne sera pas d'accord et qui aura quelque chose à dire.

Pour résumer, il y a deux choses que je fais pour surmonter non seulement ma peur mais aussi pour passer à l'action et ne plus prendre en compte ce que disent les autres ou ce que pensent les autres. Première chose, je me pose la question : "c'est quoi la pire chose qui peut arriver ?" Et s'il n'y a pas de danger de mort, je compte de 5 jusqu'à 1 et une fois arrivé à 1 (ou 0) je passe à l'action et je ne me pose plus de questions.

Le secret des Japonais

Il y a beaucoup de personnes qui procrastinent et qui ne passent pas à l'action parce qu'elles ont un grand objectif et ne savent pas par quoi commencer. Je me souviens avoir toujours défini de grands objectifs, mais je ne savais pas par quoi commencer, je ne savais pas dans quel ordre commencer ce qui fait que je procrastinais et que je ne passais jamais à l'action. Et ce qui se passait, c'est que ce manque de passage à l'action affectait ma confiance, mon manque de confiance affectait le passage à l'action. C'est un cercle vicieux. Voilà une image : Comment fait-on pour manger un éléphant ? (Très glauque cette image, je te l'accorde). Une bouchée à la fois, exactement. Et pour tes objectifs, c'est exactement la même chose. Tu connais le secret des Japonais ? Je ne sais pas si tu connais la culture japonaise. Les Japonais ont un mot qui s'appelle "Kaizen". Kaizen peut se traduire en français par "amélioration continue". Les produits japonais sont d'une excellente qualité. Que ce soit l'électronique, les motos, les voitures, les Japonais ont développé des processus de production qui leur permettent d'avoir une grande qualité dans ce qu'ils produisent (PS : Le Japon n'est pas la Chine MDR). Ils font tellement attention aux détails qui pour nous les Occidentaux peuvent nous rendre fous. Et le secret des Japonais c'est le Kaizen, ce mot kaizen, si tu l'as déjà oublié, il signifie "amélioration continue" et est complètement à l'opposé de ce que l'on fait nous dans l'Occident. Pour nous, si quelque chose ne marche pas, on casse tout, on rase tout et on recommence de zéro. Alors que les Japonais, quand un produit n'est pas bon, sont dans l'amélioration continue. Et d'ailleurs, même quand un produit est d'une excellente qualité, ils ne s'arrêtent jamais de l'améliorer – ils sont toujours dans l'amélioration continue. Ça fait penser à cette citation de *Lao-Tzu* qui disait : "Un voyage de mille lieues, commence toujours par un pas". Donc, si tu as un objectif qui te semble énorme, l'idée, c'est de le décomposer en plus petits objectifs qui sont réalisables dans le mois, dans la semaine, dans la journée, et même si tu veux aller encore plus loin, qui sont réalisables dans l'heure. Comme ça, tu n'auras plus d'excuses, tu sais exactement et spécifiquement ce que tu dois faire et comme ça en fait tu pourras passer à l'action ;)

Ce qui cause problème aujourd'hui à beaucoup de gens, c'est qu'ils veulent avoir les gratifications instantanées, les plaisirs immédiats. Par exemple, un jeune qui publie une vidéo sur YouTube®, veut de suite le million de vues. Mais je suis sûr que si tu lis ce livre, c'est que tu es, au fond, différent, tu es capable de t'investir sur le long terme ! Parce que, imagine un instant, comment ta vie serait différente si tu commençais à faire des petits changements dans ta vie de tous les jours ? Comment ta vie serait différente si tu commençais à lire 5 pages par jour d'un livre ? Comment ta vie serait différente si tu commençais à faire juste 15 minutes de sport 2 fois par semaine ? 15 minutes de sport, 2 fois par semaine, est-ce que tu penses que ça ferait la différence dans 10 ans ? Est-ce que ta vie serait différente, si tu commençais à juste aimer ton corps et mieux manger ? Bien sûr, ta vie serait parfaitement transformée !! Le problème de la majorité des gens, c'est qu'ils cherchent des résultats immédiats, ils cherchent les gratifications instantanées. Ils ont un grand objectif, ils veulent le réaliser de suite. Pour résumer, si tu as un grand objectif, ce que je t'encourage à faire, c'est à rêver grand, mais décompose ce grand objectif en plus petits objectifs réalisables dans la semaine, dans le mois, ou même dans l'heure. De cette façon, tu n'auras plus de problème de procrastination, tu pourras directement passer à l'action. Tu auras la satisfaction de réussir, d'avancer, et plus tu vas prendre des actions, plus tu vas réaliser des petits succès, même un succès dans l'heure, un succès dans la journée. Toutes ces petites réussites personnelles vont t'aider à bâtir ta confiance, vont t'aider à reprendre confiance en toi.

La voix interne

J'aimerais te poser une question : Est-ce que tu as conscience de cette petite voix que tu as dans la tête ? Prends juste quelques instants, et prends conscience de cette voix. D'ailleurs je tiens à te rassurer tout de suite, je ne suis pas le fils de *Jeanne d'Arc*, on a tous un intérieur qui nous parle, nous nous parlons à nous-mêmes sans forcément ouvrir la bouche. Donc on a tous une petite voix dans la tête. Ça m'avait fait un choc la première fois où j'ai pris conscience de cette voix. J'ai réalisé que j'avais une voix qui me criait dessus en permanence, une voix qui m'insultait. Elle me disait : "Mais Jerem, sors pas !" "Mais chut, dis pas ça !" "Jérémie va pas là-bas, on va te juger", "Ne fais pas ça, personne ne le fait !" J'avais vraiment un bourreau dans la tête. Et la bonne nouvelle, si toi aussi tu es comme moi : Tu peux changer cette voix, tu peux la contrôler. J'ai réussi à changer les modalités de cette voix, j'ai pu la modifier pour entendre une voix plus positive, plus encourageante, plus supportrice. C'est toi qui contrôle. Imagine un instant, si on t'annonce que tu vas être enfermé durant tout le reste de ta vie avec quelqu'un dans une cellule, imagine ça un instant. Tu vas être enfermé avec une autre personne dans une cellule durant le reste de ta vie. Est-ce que tu ne vas pas essayer d'avoir un bon rapport avec cette personne ? Parce que tu sais que tu vas passer le reste de ta vie avec cette personne. La voix que tu as dans la tête, c'est exactement la même chose. Tu as envie d'avoir une voix plus positive, une voix plus encourageante, une voix qui te supporte, qui te motive, qui t'encourage. Au lieu d'avoir une voix qui t'insulte et te crie dessus. Dans le passé, je croyais qu'il fallait avoir une voix qui était dure, une voix qui m'insultait pour me motiver. Ça peut marcher sur le court terme, mais sur le long terme c'est le meilleur moyen pour déprimer, et c'est aussi le meilleur moyen pour accélérer le manque de confiance en soi. (Je rappelle que cette voix que tu n'aimes pas, c'est simplement toi qui est trop dur avec toi-même, ou la voix d'une personne de ton enfance qui t'a traumatisé). La bonne nouvelle, c'est que moi, je l'ai modifiée, cette voix, (après deux claques MDR) je l'ai changée et améliorée. Je suis personne, ou plutôt simplement comme toi, donc si j'ai réussi : Tu vas pouvoir largement faire pareil !

On va faire un exercice. Ce que je te suggère, c'est de te poser tranquillement. Bien sûr si tu conduis, tu ne peux pas faire cet exercice, attends d'arriver à la maison. Mais bon, quelle idée de lire en conduisant, j'ai vraiment des commentaires profondément idiots, bref. Installe-toi tranquillement, confortablement. Non, je te promets ça n'est pas de l'hypnose, t'inquiète. Ce que j'aimerais que tu fasses, c'est que tu repenses à une situation du passé dans laquelle tu as eu affaire à cette petite voix, une situation qui s'est passée, et pour laquelle tu as malheureusement trop écouté cette petite voix, et qu'au final tu n'as rien fait. Peut-être qu'il s'est passé quelque chose, peut-être que quelqu'un t'a dit quelque chose et que cette petit voix s'est mise en route et a commencé à t'interdire de réagir ou autre, et qu'au final tu t'es planté car tu l'as trop écoutée. J'aimerais que tu repenses à une situation bien particulière, que tu revives cette situation. J'aimerais que tu fasses attention à cette voix. Quelle force ou emprise avait-elle sur toi ? Il faut vraiment que tu penses à elle lors de la situation. On va vraiment devenir des ingénieurs son et l'idée c'est de changer les différentes modalités de cette voix. Continue à imaginer le malaise qu'elle t'a procuré, tout ça pour rester dans sa zone de confort. Maintenant modifie-la, en te disant et te promettant qu'il ne faut plus l'écouter, et qu'il faut faire et vivre des expériences, qu'il faut oser, et que cette voix est là juste pour son confort et t'emprisonner. Alors ne te bats pas avec, car au fond elle exprime et reflète simplement tes faiblesses, et ne pas l'écouter te rendra plus fort ! Personnellement ce que j'ai trouvé, c'est que dès lors que cette voix intervient, je me bloque et réfléchis juste à ce qui est bon pour moi, en me disant que je ne vais pas mourir ou plus vulgairement que je ne vais pas avoir un second trou là où tu penses. Je me dis que cette voix est la voix du passé qui a peur et qui est pleine de doutes. Je t'encourage à parler de cette voix, rappelle-toi ce qu'elle va empêcher et ne l'écoute plus, à force elle n'interviendra plus dans ta vie ;)

L'ENVIRONNEMENT NÉGATIF

Gordon Brown (auteur et ancien premier Ministre britannique) disait : "Tu es la moyenne des 5 personnes avec qui tu passes le plus de temps". Et je n'insisterai jamais assez sur l'importance de ton entourage. Au tout début du livre, j'ai beaucoup insisté sur le fait de mettre cette partie dans le bouquin. Pour tout te dire, mon entourage (même large) est encore compliqué, je suis jeune, et ne choisis pas tout à 100 %. Je ne serai donc ni un exemple, ni un conseil. Néanmoins, je sais à quel point ton environnement joue un rôle super important dans ta confiance. Imagine si on prend deux personnes : Il y a une personne qui est née dans un environnement de support, un environnement d'encouragement, un environnement où tous les rêves sont permis, un environnement où l'on pousse les enfants à exprimer leurs opinions et leurs idées. Et une autre personne qui est née dans un environnement de violence, un environnement d'insulte, de négativité, un environnement où les rêves ne sont pas les bienvenus. Est-ce que tu crois que ces deux personnes vont avoir deux caractères complètements différents, deux futurs complètements différents ? Bien sûr, dans 99 % des cas, l'environnement dans lequel tu grandis affecte ta personnalité, affecte ta confiance, affecte ce que tu penses être capable de faire ou pas. Bien sûr, tu peux te débarrasser de ce conditionnement, mais il est compliqué de s'en défaire. C'est quelque chose de compliqué, de douloureux, mais si au fond de toi, tu sais ce qui est bon pour toi, et que tu t'écoutes, avec le temps tu y arriveras et le vivras mieux. Comme tu le sais, je suis né dans un environnement que je n'ai pas suivi longtemps, je ne le critique pas – loin de là. Il est fondé avec de nombreuses valeurs, mais des valeurs qui ne me correspondent pas. C'est pour cela qu'avec tout mon amour pour mes proches, j'ai grandi séparément de mon environnement. De plus, jamais personne n'a essayé de me comprendre ou quoi que ce soit, j'étais bien trop différent pour eux. Aujourd'hui j'ai 18 ans, et mon environnement – c'est peut-être triste à dire, se compose de moi, et uniquement moi. J'ai tissé des liens uniques avec certaines personnes comme ma mère et ma grand-mère, mais ma barque, c'est seul que je l'ai construite, tout comme le GPS.

J'aimerais partager avec toi une étude qui a été faite par une université. Des personnes ont démontré que si quelqu'un vient te dire : "tu ne peux pas faire... (quelque chose)", et bien il faudrait 17 personnes, je dis bien 17 autres personnes après cette première personne qui viennent te dire, "tu peux le faire", "tu peux le faire", "tu peux le faire", pour neutraliser ses propos négatifs. Il est donc super important de faire attention avec qui tu passes le plus de temps, de faire super attention aux personnes de ton entourage. Je ne te dis pas avec qui tu dois passer le plus de temps ou si tu dois faire le tri ou pas. Ce que je te suggère, c'est de faire attention à ton entourage. Un entourage, c'est un groupe de personnes qui t'entourent souvent, ce n'est pas forcément ta famille, tes amis, ou autres. Entre autre, c'est très souvent le cas, mais ça peut être aussi tes collègues de classe ou de bureau. Si je pars plus loin dans l'idée, cela peut être aussi ce que tu regardes, ou même ce que tu lis.

Je partage avec toi quelque chose qui m'est arrivé quand j'étais plus jeune. A un moment donné dans ma vie, au collège, il s'est passé certaines choses qui ont fait que je me suis retrouvé à traîner avec des mecs qui fumaient, pas que des cigarettes, ils dealaient de la drogue. Nos récrés et soirées se passaient à fumer et dire beaucoup de gros mots. Donc tu imagines bien que ce n'est pas un environnement qui est propice au succès, à la méditation et à la paix intérieure, MDR. Tu imagines que si j'avais continué à traîner avec ces personnes-là, je n'aurais pas pu commencer à créer et construire mes projets, je n'aurais pas commencé une chaîne YouTube®, etc. Donc, ton environnement est vraiment super important.

Une autre étude qui m'a beaucoup fait marrer. Ils ont montré que si tu as des amis qui sont obèses, si tu passes beaucoup de temps avec des personnes qui sont obèses, ça augmente de 60 % tes chances de devenir obèse. Donc, je n'insisterai jamais assez sur l'importance de ton entourage. Ton entourage affecte ta confiance, ton entourage détermine aussi tes objectifs, il détermine ce que tu vas réaliser ou pas. Parce que si tu veux réaliser de grands succès dans ta vie, tu ne peux pas traîner avec des gens qui ont peu d'ambition. Si tu veux te remettre au sport et être en forme, tu ne peux pas continuer avec les gens qui vont manger au fast-food tous les midis. Si tu veux par exemple améliorer ta relation, si tu veux améliorer ta spiritualité, tu ne peux pas continuer à traîner avec des personnes qui ne font pas ces choses-là. Tes objectifs doivent être alignés avec ton entourage. En fait, c'est un équilibre. On a travaillé sur la partie intérieure, avec la voix intérieure, avec tes qualités, tes valeurs, etc. Mais ton monde extérieur affecte aussi ton succès et affecte aussi ta confiance en toi. Il est donc super important que tu fasses attention aux personnes avec qui tu passes le plus de temps. Si par exemple ton environnement ne te correspond pas, et que tu es trop jeune pour partir, ou que tu ne le trouve pas : Ne cherche pas plus loin de toi-même. Toi est super gentil, il est respectueux, il te ressemble, et peut s'améliorer ! Je te promets qu'il peut devenir ton meilleur ami.

Voici l'exercice que je te propose de faire. Prends une feuille et liste toutes les personnes avec qui tu passes le plus de temps, que ce soit au travail, à la maison, tes amis, au club de sport, etc. Liste le nom de toutes les personnes avec qui tu passes le plus de temps, et devant chaque nom, voici ce que tu vas faire : Si tu penses que cette personne te tire vers le haut, tu mets un "+". Et si tu penses que cette personne te tire vers le bas, là tu mets un "-". Et tu fais ça devant le nom de chaque personne. Je ne te demande pas de faire le tri, je ne te demande pas d'arrêter de parler à ces personnes-là. Ce que je te suggère, c'est de te poser la question, pour les personnes à qui tu as mis un "-" pose-toi la question : Est-ce que je peux aider cette personne à s'améliorer ? Est-ce que je peux aider cette personne à s'en sortir ? Est-ce que j'en ai envie ? Peut-être as-tu déjà essayé dans le passé mais tu n'as pas réussi. C'est ce que je pense – après c'est toi qui décide. Si tu n'arrives pas à changer quelqu'un, si la personne ne veut pas changer, ce n'est pas ta responsabilité de continuer à travailler dessus, tu peux faire le tri. Pose-toi la question de savoir ce que cette personne t'apporte ? Parce que si toi tu veux t'en sortir, tu n'es pas responsable des choix des autres, tu es seulement responsable de tes propres choix. Donc ce que tu peux faire, c'est le tri dans tes amis, dans ton entourage, pour ne garder que les personnes qui te tirent vers le haut et que les personnes que tu penses pouvoir aider à s'améliorer. Fais cet exercice, prends une feuille et un stylo, ça te prend 5 minutes même pas, et ça donne des idées très claires sur beaucoup de choses.

SECTION 6 : CONCLUSION

LE MOT DE LA FIN

Bon voilà, tu viens d'arriver à la fin du livre. Je suis épuisé, mais en même temps, j'ai envie de te féliciter pour avoir complété tous les modules et je te félicite aussi de t'être investi sur toi-même, d'avoir investi sur ton succès et sur ta confiance en toi. J'espère profondément que ce petit livre t'a permis d'en apprendre davantage, et surtout qu'il ta plu. J'espère aussi que tu as fait ou que tu vas faire les différents exercices et challenges.

Pour rappel, je ne suis personne. Je suis un jeune de 18 ans qui vit des expériences comme tout le monde, mais qui a une soif et un besoin fou de les partager à tous ceux qui se sentent concernés par ces idées et moments de vie. Ce livre est véritablement l'unique clé de ma confiance en moi. Ce fut un véritable plaisir de te partager les astuces, conseils, leçons, et expériences tirés de ma propre petite vie. Une vie certes banale, mais à bien y réfléchir, une vie unique comme la tienne !

Je te souhaite beaucoup de bonheur pour la suite. Je suis conscient que les exercices n'ont pas été forcément faits de suite. Grâce au sommaire, je t'invite à relire, dans le futur, les passages qui t'intéressent réellement, et de les faire, ces exercices ! Ils ne te feront pas de mal, promis ;)

Quant à moi, mon travail est à nouveau terminé. Tant d'émotions d'arrêter d'écrire, c'est la chose que je déteste le plus quand j'achève un livre. Quand est-ce que l'on se retrouve ? C'est une bonne question. L'année dernière, je t'avais dit que je reviendrais si j'obtenais mon bac : chose faite, mais tu m'a beaucoup manqué. Cette fois, je ne veux pas donner de limite de temps, je reviendrai simplement quand j'aurai plein de trucs à te raconter !

Tu sais, écrire, on n'en a peut-être pas conscience, mais ça requiert de se dévoiler. Certes, pas en image, mais de dévoiler son intérieur et surtout ses pensées. On y passe des jours entiers à faire un simple petit chapitre. A force, tu as donc intégré ma vie et mon quotidien,

et devoir te quitter, eh bien, c'est pas facile facile !
Mais je me promets de revenir !

D'ailleurs, si tu as des suggestions, un message à faire passer, s'il y a des choses que tu aurais aimé lire et que je n'ai pas traitées, des commentaires à faire ou autres, tu peux écrire à , mais aussi venir discuter avec moi sur mes réseaux sociaux !

En attendant que nos vies se recroisent, je te dis à bientôt.

Merci d'avoir pris le temps de lire mon livre.

C'était mon histoire, mon partage, mes idées.

Jérémie ;)

jeremc01   @jeremie_ch